W0357895

Lothar Gassmann

Alarm um die Kinder!

Wie können wir unsere Kinder vor dem Zeitgeist bewahren?

Jeremia Verlag
Glaube. Hoffnung. Liebe.

Dr. Lothar Gassmann

Alarm um die Kinder!

Wie können wir unsere Kinder vor dem Zeitgeist bewahren?

1. Auflage 2013

Satz : Lothar Gassmann
Foto: © lassedesignen - Fotolia.com
© goldencow_images - Fotolia.com

Umschlag-Gestaltung: Werner Fürstberger
Druck: Elser-Druck, Mühlacker
ISBN: 978-3-944834-00-9

Inhalt

Einleitung

Ein Generalangriff auf die Seelen unserer Kinder ist im Gange! Sie sollen dem Elternhaus entzogen und Einflüssen einer Umerziehung ausgesetzt werden, die sich Eltern nicht im Traum vorstellen können.

Im ersten Teil stelle ich kurz dar, wie die Lage heute aussieht. Wir erleben momentan die Auflösung sämtlicher Werte. Dies ist eine Folge der neomarxistischen "Reformpädagogik", wie sie vor allem in den 60er und 70er Jahren des 20. Jahrhunderts entwickelt und entfaltet wurde.

Im zweiten Teil möchte ich einiges über die Beeinflussung durch die Massenmedien sagen, insbesondere das Fernsehen und das Internet.

Der dritte Teil handelt über New Age und Okkultismus im Kinderzimmer, der vierte Teil über den Einfluss von Computerspielen auf Kinder und Jugendliche, der fünfte Teil über okkulte Musik.

Anschließend möchte ich versuchen, einige Gedanken für eine christliche Antwort zu formulieren.

Als Anhang gebe ich wieder: einen „Brief an die Jugend“ und einen „Brief an die Eltern“.

Beide Briefe habe ich aus großer Sorge geschrieben. Ich fahre fort mit Fakten über das Handy sowie einem persönlichen Bericht, in dem ich erkläre, warum ich keinen Fernseher besitze.

Als weiterer Anhang folgt eine Materialsammlung aus verschiedenen, inzwischen zum Teil leider vergriffenen Quellen, die hiermit wieder zugänglich gemacht werden.

Es ist mein Gebet, dass diese Informationen für viele Familien zum Segen dienen mögen.

Lothar Gassmann

Erster Teil: Die neomarxistische Reformpädagogik und ihre Folgen

Die neomarxistische Reformpädagogik wurde von den Vordenkern des philosophischen Systems der Frankfurter Schule (Horkheimer, Adorno, Marcuse, Habermas) entwickelt und seit den 60er und 70er Jahren des 20. Jahrhunderts massiv ausgebreitet. Der Marxismus strebte danach, revolutionsfähige Objekte heranzuzüchten. Man hat es zunächst versucht bei den Arbeitern, dann bei den Studenten, dann bei den Kindern und neuerdings bei den Frauen - man denke an die radikalfeministischen Bestrebungen. Aber auch bei den Kindern ist diese Pädagogik weiterhin in Kraft, zum Glück nicht in jeder Schule, aber doch in vielen Ländern.

Das Kind wird in dieser Pädagogik betrachtet als ein in kleinen Schritten formbares revolutionäres Wesen. Der Anknüpfungspunkt ist, dass die individualistische (egoistische) Industriegesellschaft in einer Krise steckt. Wohlstandsmaterialismus, Rationalismus (Vernunftglaube) und die unbewältigte Vergangenheit der Nachkriegsgeneration haben ein Vakuum, einen Leerraum, in der Kulturgeschichte geschaffen. Und in dieses Vakuum stieß und stößt

– wie man sie auch nennt – die emanzipatorische Konfliktpädagogik (Emanzipation = Befreiung aus jeder Fremdherrschaft). Die emanzipatorische Pädagogik möchte in dieses Vakuum hineinstoßen, indem sie den Schülern unbefriedigte Bedürfnisse aufzeigt, Konfliktsituationen aufdeckt und Situationen verändern helfen möchte. Letzteres etwa auch, indem sie Strategien (Wege zur Veränderung) einübt und die Notwendigkeit solidarischer Zusammenschlüsse aufzeigt, z. B. von Ausreißer-Selbsthilfegruppen, Kinderräten und ähnlichem.

Das Erziehungsziel ist der mündige, vernünftige, kritikfähige Mensch, was ja zunächst ganz gut klingt. Im Hintergrund allerdings steht der Glaube an die Macht der Erziehung und die Vervollkommnungsfähigkeit des Menschen aus eigener Kraft. Es ist der Glaube, dass im Menschen selber das Gute wohne, das Potenzial, um sich selber immer höher zu entwickeln. Dies entspricht der Vorstellung, dass der Mensch von Natur aus gut sei, dass er aber durch die schlechte Gesellschaft verdorben werde. Ferner entspricht es der Vorstellung, dass die Persönlichkeit machbar und formbar sei, dass sie abhängig sei von Umwelt und Erziehung, aber nicht von Erbanlagen. Deshalb wird „Bildungsgesellschaft“ gefordert. Es wird gesagt, dass jeder zu vernünftiger Selbstbestimmung fähig und doch zugleich auf Heilsvermittler angewiesen sei. Diese Heilsvermittler sind eine elitäre (ausgewählte) Minderheit, die dem Einzelnen zeigt, was gut und böse sein soll.

So lauten einige dieser Ziele, die zunächst gut klingen können, aber es schwebt natürlich ein gewisses Menschenbild mit. Und so sind auch die Wirkungen sehr deutlich. Durch die „Verhasstmachung" des herkömmlichen geisteswissenschaftlichen Schulsystems weckt die neomarxistische Reformpädagogik den Wunsch nach alternativen Schulsystemen, zum Beispiel nach solchen Schulen, in denen die Trennung vom Elternhaus besonders gut möglich ist. Die Kinder werden dort in ein Kollektiv (Massenbetrieb) eingebunden, durch welches die Verformbarkeit und die Beeinflussbarkeit des Kindes den ganzen Tag lang stattfinden kann.

In emanzipatorisch geprägten Rahmenrichtlinien wird dazu angeleitet, die Gesellschaft als eine von Konflikten und Herrschaftsinteressen bestimmte Gesellschaft zu sehen. Dies wirkt sich vor allem auf den Deutsch-, Politik- und Geschichtsunterricht aus. Nichtrevolutionäre Dichter und Denker werden zunehmend übergangen. Man betont vor allem revolutionäre

Denker und Theoretiker, zum Beispiel Bert Brecht, Dorothee Sölle und ähnliche.

Ferner hat man in den 60er und 70er Jahren begonnen, die antiautoritäre Erziehung zu propagieren, d. h. alle überlieferten Werte und Autoritäten (Vorbilder) in Frage zu stellen, insbesondere die Autorität von Eltern, Staat, Geboten und Gott - und natürlich auch der Kirchen.

Ferner wird die Taktik der moralischen Überbietung angewendet, d. h. die bestehende Gesellschaft wird in den dunkelsten Farben gemalt. Und auch wenn sie sich immer besser entwickelt, ist sie trotzdem nie gut genug. Dic Erwartungsspirale wird immer noch mehr hochgetrieben, so dass die Gesellschaft schließlich nicht mehr kann und unter dem Druck der Erwartung zu zerbrechen droht. Die gegenwärtige Gesellschaft wird also als unannehmbar hingestellt, während die zu schaffende utopische (nicht vorhandene) Gesellschaft in verschwommenen, aber hellen Zukunftsfarben erscheint.

Und schließlich werden, was auch heute noch sehr aktuell ist bis in manche Kirchen hinein, die geschlechtsspezifischen Unterschiede zunehmend bestritten. Man denke da an die Homosexuellen-

und Lesbenbewegungen. Der Geschlechtstrieb wird als Instrument lustbetonter Selbstverwirklichung angesehen. Demgemäß liegt auch eine besondere Betonung auf dem Sexualkunde-Unterricht und dem Zerbrechen sexueller Tabus, die ja die Intimsphäre schützen sollen.

Soweit einige Kennzeichen dieser Pädagogik. Dazu nenne ich einige Kritikpunkte:

Zunächst einmal ist es fraglich, ob die Reformpädagogik des Neomarxismus zum erhofften neuen Menschen führt. Die Zerstörung der Autoritäten und die Verschwommenheit der Vorstellungen vom neuen Menschen und seiner Erreichbarkeit rufen in den meisten Jugendlichen keine revolutionäre Gesinnung hervor, sondern im Gegenteil Verunsicherung. Das aber ist der Nährboden für Selbstzerstörung und den Sturz in die Diktatur und auch Terrorismus.

Eine Folge der neomarxistischen Auflösung aller überkommenen Werte von Staat, Kirchen, Gesellschaft und Gott führt dazu, dass wir heute in einer postmodernen (nachmodernen) Situation leben. Der Postmodernismus folgt auf den Modernismus. Im Neomarxismus hatte man durchaus noch Werte, aber er führte zur Relativierung (Verwässerung, Auflösung) der bestehenden Werte. Und nachdem diese über

Jahrtausende auch durch das Christentum geprägten Werte zerbrochen waren, tritt nun an die Stelle dessen nichts anderes mehr als der Relativismus. Dies geschieht durch die ständige Hinterfragung und Auflösung aller noch bestehenden Werte sowie das Streben nur noch nach „Harmonie“. Es werden keine Gegensätze mehr betont, wodurch auch die Auflösung des Gegensatzes von Wahrheit und Lüge immer stärker zustande kommt. Der Mensch wird praktisch in das Nichts hineingeworfen, wodurch der Nihilismus (lat. nihil = nichts) Triumphe feiert.

Nicht ohne Grund nimmt das Drogen-Elend überhand. Es sind immer mehr Jugendliche verunsichert, auch über die Zukunft der Gesellschaft, die nicht mehr weiß, wo es weitergeht. Dies ist die Sinnlosigkeit des Daseins, die wir nicht überall, aber doch weithin erleben müssen. Der Zerbruch der Autoritäten also führt zum postmodernen Zeitalter der Auflösung und des Sinnverlustes. Umso wichtiger ist es, dass wir den Kindern und Jugendlichen Sinn vermitteln und feste Wertmaßstäbe, die auch in Lebenskrisen tragen können.

Ferner sind natürlich auch die geistesgeschichtlichen Voraussetzungen der neomarxistischen Pädagogik zu hinterfragen, die insbesondere im aufklärerischen Humanismus (Glaube an den „guten Menschen“), im naturalistischen Immanentismus (nur die innerweltliche Natur sei wirklich), im Evolutionismus (Entwicklung der Arten ohne Gott) und im Denken Friedrich Nietzsches vom Übermenschen liegen, was hier jedoch nicht weiter ausgeführt werden kann. Diese Vorstellungen sagen, dass der Mensch von Natur aus gut sei, während die Heilige Schrift durchgehend klar betont, dass es Sünde gibt. Das heißt, der Mensch ist eben nicht gut von Jugend auf, sondern er ist geprägt von dem, was die Bibel Sünde nennt, nämlich vom Bösen, von Anfechtungen, Fehlern und Versagen. Der humanistische Optimismus (Glaube an den guten Menschen) widerspricht zudem den Erfahrungen, die wir haben. Es gäbe nicht so viel Leid, so viele Kriege, so viel Gewalt und Verbrechen, wenn der Mensch wirklich von Natur aus gut wäre.

Weiter ist es so, dass die Persönlichkeitsentwicklung nicht allein von der Erziehung abhängt, wie etwa der Philosoph Jean-Jacques Rousseau und seine Nachfolger verkündigt hatten, sondern sie ist auch abhängig von den Erbanlagen. Beides spielt zusammen. Die Genetik (Erbforschung) hat uns das deutlich gemacht und ebenso die Pädagogik.

Außerdem stellt sich die Frage: Wenn der Mensch einer elitären Minderheit von Heilsvermittlern gehorcht, gerät er nicht dann erst recht in Knechtschaft? Es sind doch auch im Neomarxismus immer wieder Vordenker aufgetreten, die dem Menschen Maßstäbe diktiert haben - und sei es auch nur den Maßstab des Relativismus, der Verwässerung der Werte.

Ferner ist zu beachten, dass sexuelle Freizügigkeit, die so genannte sexuclle Revolution, inzwischen längst ihre Kinder frisst, dass sie gescheitert ist und zur Versklavung führt unter das eigene Triebleben und unter die Schamlosigkeit der Anderen. Es ist hier auch an die Ausbreitung der Geschlechtskrankheiten und besonders der neuen Lustseuche Aids zu erinnern, die in den meisten Fällen durch außereheliche Beziehungen weitergegeben wird. Insofern wäre hier allein ein Umdenken, eine Umkehr eine wirkliche Hilfe – und nicht eine Symptomkurierung mit Kondomen, wie das heute geschieht. Damit verschiebt man das Problem nur, aber eine Lösung ist das nicht.

In zahlreichen Punkten kann die emanzipatorische Sozialisationsidee somit als direkter weltanschaulicher Gegenentwurf zur biblischen Heilsbotschaft betrachtet werden. Dies sei anhand einiger Gegensätze kurz dargestellt:

- Der Neomarxismus verkündigt ein herrschaftsfreies, innerweltliches Reich der Freiheit, das er anstrebt. Die Bibel dagegen verkündigt ein Reich, das Gott selber herbeiführen wird, also nicht innerweltlich, sondern auf Ewigkeit bestimmt.

- Der Neomarxismus spricht vom neuen Menschen, der aus gruppendynamischen Kollektiven, also Zusammenschlüssen von Menschen, hervorgeht, die sich selber ihre Werte geben. Die Bibel dagegen verkündigt den Menschen als Ebenbild Gottes.

- Der Neomarxismus möchte die sozialisierte Gruppe schaffen durch psychologische Techniken. Die Bibel verkündigt die Gemeinde, die geprägt ist vom Heiligen Geist und seiner Führung.

- Der Neomarxismus verkündigt die optimale Bedürfnisbefriedigung und Zügellosigkeit. Die Bibel verkündigt die Heiligung und die Freiheit in der Gotteskindschaft.

Der Mensch der Gesetzlosigkeit ist bereits vor zwei Jahrtausenden vorausgesagt in der Heiligen Schrift (2. Thessalonischer 2; Matthäus 24 u. a.). Er wird sich über alle Gebote Gottes hinwegsetzen und in seiner scheinbaren Freiheit zugrunde gehen. Die Missachtung der Autorität Gottes ist Sünde und führt in freiheitsvernichtende Bindungen hinein. Die Bibel lehrt, die Eltern zu ehren, zum eigenen Segen der Kinder (2. Mose 20,12).

Zweiter Teil:

Chancen und Gefahren der Massenmedien, insbesondere von Fernsehen und Internet

Die Vorteile des Fernsehens (TV) liegen auf der Hand: Der Mensch kann heute aus ganz unterschiedlichen Erdteilen erfahren, was geschieht – wenn auch von den Berichterstattern gefiltert. Er kann eben „fern sehen“, eine fantastische Erfindung. Man kann durch einen Fernseher Dinge sehen, die nicht im eigenen Raum sind, sondern irgendwo in der Welt passieren.

Das gleiche gilt für das Internet, das noch wesentlich größere Möglichkeiten einer weltweiten Kommunikation und Datenübertragung erschließt. Die Grenzen sind durchlässig geworden, die Entfernungen kleiner, und die Information hat sehr stark zugenommen. Dies sind positive Seiten, die wir nicht übersehen wollen.

Allerdings müssen wir auch die Gefahren wahrnehmen, die mit dem Gebrauch des Fernsehens und der anderen modernen

Bildschirmmedien (z.B. Internet und Computerspiele) zusammenhängen.

Als erstes zu nennen sind körperliche Nachteile, die mit dem Fernsehen und Ähnlichem zusammenhängen. Man denke nur an den Bewegungsmangel. Wenn man vor dem Fernseher oder Computer sitzt, bewegt man sich ja nicht. Viele Kinder spielen nicht mehr körperlich und sind nicht aktiv, sondern passiv und lassen sich berieseln. Das fördert Bequemlichkeit, Fettwuchs, Verdauungsschwierigkeiten, Kreislaufstörungen und ähnliches.

Noch schlimmer ist die Reizüberflutung. Im Fernsehen gibt es inzwischen eine Flut von Programmen – und das Internet ist inzwischen so umfassend wie ein Meer, in dem man ertrinken kann. Viele Kinder (und Erwachsene) kommen überhaupt nicht mehr von diesen Medien weg. Wenn die Gefahr einer Sucht besteht, hilft nur ein radikaler Verzicht.

Weitere gesundheitliche Folgen können nervöse Übererregtheit, Schlafstörungen und übermäßiger Reizhunger sein. Seelisch kann häufiges Fernsehen zur Passivität und Lustlosigkeit führen. Man setzt sich in den Fernsehsessel, weil das bequemer ist, als wenn man selber etwas unternehmen soll. Etwas überspitzt gesagt, sind viele Menschen kaum noch fähig, aus ihrem Fernsehsessel herauszukommen.

Hinzu kommt beim TV die sehr starke Außensteuerung, der Verlust der gestaltenden Phantasie, das ausschließliche Konsumbedürfnis, das die Seele nicht entfaltet und über sich hinauswachsen lässt und die darum das Glück versagt. Echte eigene Gefühle werden ersetzt durch Gefühle, die durch die Identifikation mit erfundenen Phantasiegestalten entstehen. Damit aber wird das Weltbild mehr oder weniger stark verfälscht.

Dies hängt natürlich von den ausgewählten Programmen ab. Die Gesellschaft erscheint veredelt oder verroht, der zwischenmenschliche Nahraum wird verkitscht oder verschmutzt. Werte werden umgewertet; wir sehen das ja sehr stark in der Darstellung von Ehe und Familie im Fernsehen. Es gibt dort kaum noch eine intakte Familie, die gezeigt wird, zum Beispiel in der inzwischen bereits klassischen Serie „Lindenstrasse“. Das Unnormale wird zum Normalen. Das Meiste, das gezeigt wird, entspricht nicht dem biblischen Verständnis von Ehe und Familie.

Ferner ist zu bedenken, was ja auch jeder Fernsehmacher weiß: Was ist überhaupt fernsehgerecht? Oder „Computerspiel-gerecht“? Dazu einige Beispiele und Gedankenanstöße unter dem Aspekt, dass es ja nicht langweilig sein darf:

- Krieg ist fernsehgerechter als Frieden.

- Verbrechen ist fernsehgerechter als Nichtverbrechen.

- Gewalt ist fernsehgerechter als Gewaltlosigkeit.

- Katastrophen sind fernsehgerechter als normale Zustände (obwohl sie ja außergewöhnlich sind und durchaus nicht das Übliche).

- Oberflächlichkeit ist fernsehgerechter als Tiefgang. - Das Fernsehen ist gar kein Medium, das sich für Tiefgang eignet wie etwa ein Buch. Bei einem Buch kann man viel tiefer gehen und Dinge nochmals lesen, vertiefen und wirklich erfassen.

- Konfliktsituationen und Gefühle eignen sich besser für das Fernsehen als Ruhe und Einigkeit.

- Lust ist fernsehgerechter als Zufriedenheit.

- Leidenschaft ist besser als Ruhe.

- Das Böse eignet sich besser als das Gute für die Darstellung.

- Der Tod ist leichter zu zeigen als das Leben und

- Unfrieden leichter als Frieden.

Es muss eben immer Action, Spannung und Gewalt geboten sein. Die Kriminal- und Gewaltfilme sind ja weit überhand nehmend, ebenso pornografische Filme, was große Gefahren für die persönliche charakterliche Entwicklung und das ewige Seelenheil mit sich bringt.

Ein weiterer Aspekt, der nicht übersehen werden kann, ist, dass Bilder eine ganz besondere Suggestivkraft besitzen, ja geradezu hypnotisch wirken können. Bilder umgehen sehr stark das Denken und dringen unmittelbar in das Unterbewusstsein ein. Die Kontrolle, die Selektion (Auswahl) wird weithin ausgeblendet. Es bleibt keine Zeit mehr zur intellektuellen (gedanklichen) Verarbeitung.

Ich habe schon erwähnt, dass die Suchtgefahr sehr groß ist beim Fernsehen und Internet. Schon 1971 führte die Gesellschaft für rationelle Psychologie in München eine Untersuchung über die Wirkung des Fernsehens durch, deren Ergebnisse noch heute von Interesse sind. 184 Familien und Alleinstehende hatten sich freiwillig bereiterklärt, ein Jahr lang auf das Fernsehen zu verzichten. Bereits nach einem Monat gaben zehn Prozent der Versuchspersonen auf. Nach drei Monaten ließen 58 Prozent den „Kasten" wieder anschließen. Und im fünften Monat hielt es auch der Letzte nicht mehr ohne Fernsehen aus. Sie waren alle auch vorher schon daran gewohnt. Immerhin aber gibt es heute bei ca. 80 Millionen Einwohnern in Deutschland rund 2 Millionen, die immer noch keinen Fernseher haben – oder die sich bewusst von ihm getrennt haben (wie der Verfasser).

Ferner kann das Familienleben sehr unter übertriebenem Medienkonsum leiden. Spannungen und Konflikte werden nicht mehr miteinander ausgetragen. Die Ehepartner vor dem elektronischen Medium schauen sich nicht mehr direkt an, sondern in die gleiche Richtung des Bildschirms und man kann sich das Gespräch ersparen. Dies erscheint zunächst einfacher, aber die Dinge werden ja dadurch nicht mehr verarbeitet. Das muss nicht so sein, aber in vielen Familien ist es nach meiner Beobachtung so.

Solche Passivität findet sich etwa bei Quizsendungen. Anstatt dass man mit den Kindern in der Familie selber ein Quiz macht, was viel interessanter ist, schaut man sich passiv Quizsendungen an. Man muss das Spiel natürlich kaufen und selber spielen, aber die Kinder sind sehr dankbar, wenn man sich die Zeit nimmt, selber mit ihnen zu spielen und sie nicht vor Spielsendungen zu setzen.

Als entscheidender Aspekt sollte nicht übersehen werden, dass bei Christen das geistliche Leben sehr leiden kann durch Fernsehen und zweifelhafte Internet-Berieselung - und zwar durch den Inhalt dessen, was heutzutage gezeigt wird. Hierzu eine kleine Anekdote: Ein gläubiger Christ, der kein Fernsehgerät hatte, bekam es von Verwandten geschenkt. Der Kundendienst brachte es ins Haus. Die Verpackung des Kastens trug den sinnigen Werbeslogan: „Mit diesem Gerät kommt die Welt in ihr Haus!“ Da wachte der Beschenkte auf und ließ das Gerät umgehend an die Firma zurückgehen.

Dies ist etwas zum Lachen, aber mit sehr ernstem Hintergrund. Natürlich hoffe ich doch, dass jeder, der trotz dieser Warnungen einen Fernseher hat, so viel Kontrolle besitzt, das Fernsehgerät auszuschalten, wenn eine Sendung oder ein Programm geistlich nicht förderlich ist (und das ist ja praktisch immer der Fall). Die Erfahrung zeigt aber, dass es – wenn überhaupt – nur sehr wenige Menschen gibt, die von den Bildschirmmedien nicht abhängig werden. Insofern ist es besser, sich von Anfang an möglichst gar nicht in Gefahr zu bringen und die Quelle der Versuchung (z.B. das Fersehgerät) zu meiden (siehe den Bericht des Verfassers im Anhang: Glücklich ohne Fernseher. Warum ich auf TV verzichte).

Bezüglich Internet gibt es inzwischen sehr gute Filter- und Kinderschutz-Programme, die Unmoral, Gewalt u.ä. herausfiltern. Solche sollte man als Christ auf jeden Fall benutzen, falls man auf den Computer und das Internet aus beruflichen oder Kommunikationsgründen (Email-Post) nicht verzichten kann. Der beste und einzig wirksame „Schutz“ in all diesen Dingen ist und bleibt aber die Liebe zum Herrn Jesus Christus und der Gehorsam gegenüber Seinen guten Geboten. Freilich kann mancher prüfen, ob er beim Konsum dieser Dinge zu den Starken oder zu den Schwachen (Römer 14) gehört. Jedenfalls ist es besser, „das Auge auszureißen" (Matthäus 5,29) – das heißt: die Quelle der Versuchung zu meiden -, als sehenden Auges, aber unerrettet in die ewige Verdammnis zu gehen.

Eine interessante Beobachtung, was heute möglich ist über Fernsehtechniken: Man hat in den USA Versuche gemacht und hat aus einem Film nur ein einziges Bild herausgeschnitten bei 22 durchlaufenden Bildern pro Sekunde. Man hat dieses eine Bild ersetzt durch ein Werbebild mit einer Cola-Flasche. Bei dem Experiment mit einem Testfilm hat man den Zuschauern nicht gesagt, was da gezeigt wird. Aber dieses eine Bild mit der Cola-Flasche in einem Bruchteil einer Sekunde führte dazu, dass die Mehrheit ein Bedürfnis danach hatte, Cola zu trinken. Man stelle sich vor, es würde etwas Okkultes oder Pornographisches eingeblendet – welchen Einfluss das auf das geistliche Leben hätte. Das ist technisch möglich, ist aber zur Zeit noch verboten. Aber seit die Privatsender zugenommen haben, gibt es kaum noch ein Bremsen. Und da zeigt sich, wie das Unterbewusstsein durch das Bild unmittelbar manipuliert werden kann. Seien wir wachsam bezüglich des Manipulationsinstruments, das heutzutage besteht!

Es gibt christliche Initiativen wie die Gruppe „Mehr Evangelium in den Medien“, die in Privatkanälen einiger Städte und über Internet Zugang zu Sendemöglichkeiten christlicher Programme erreicht hat, aber überwiegend ist es leider so, dass die andere Seite sehr stark das Übergewicht hat. Und viele der „christlichen“ Programme, die über öffentliche oder Privatkanäle gesendet werden, enthalten ein verkürztes oder verfälschtes (z.B. liberales oder pseudocharismatisches) „Evangelium“, so dass man davor leider eher warnen muss, als dass man solche Sendungen empfehlen könnte. Einige wenige Ausnahmen bestätigen hier die Regel.

Dritter Teil: Okkultismus im Kinderzimmer

Nach einer Umfrage besitzen heutzutage rund 75 Prozent aller Schüler Kenntnisse über Okkultismus bzw. das abergläubische Gebiet. 50 Prozent wollen mehr wissen, 25 Prozent haben okkulte Praktiken ausprobiert und 5 Prozent haben sogar an satanischen Ritualen, also Satansmessen, teilgenommen. Dabei haben auffallenderweise dreimal mehr Mädchen als Jungen an solchen Dingen teilgenommen. Selbst Religionslehrer, so hat man schon gelesen, sollen mit Schülern schwarze Messen durchgeführt haben, um sie vom Unsinn dieses Unternehmens zu überzeugen. Aber sie haben es durchgeführt und das finde ich unverantwortlich. Die größte Jugendzeitschrift Deutschlands, Bravo (und Girl steht dem nicht hinterher), ist dabei nicht unschuldig. Laufend werden die Leser über okkulte Praktiken informiert wie Tischerücken, Pendeln und ähnliches.

Ein Schüler aus Lahnstein berichtete über seine Erfahrung mit dem Gläserrücken, bei dem Geister befragt wurden. Er sagte: „Er, der Geist Kevin, hat unsere Spitznamen gekannt und alle Geburtsdaten, bis dann einmal einer ihn fragte, ob wir auch einmal mit einen bösen Geist fragen können. Da hat er angeantwortet: ‚Luzifer.' Da kamen wir echt in Panik und haben zu ihm gesagt: ‚Geh' weg, wir wollen Dich nicht!' Vor lauter Panik haben wir alle Fenster und Türen aufgemacht und viermal ein Vater Unser gebetet. Er hat dann geschrieben: ‚Satans Söhne werden in euch sein.' Daraufhin haben wir ihn gefragt, was er will. Er hat geschrieben: ‚Ihr werdet Seelen kaputtmachen und andere Leute linken."

Man kann jetzt darüber streiten, ob das Einbildung war oder ob dem Schüler wirkliche dämonische Mächte begegnet sind. Ich denke, Letzteres müssen wir ernsthaft erwägen. Die Bibel spricht jedenfalls häufig davon, dass es gefallene Engel gibt, die zu Dämonen geworden sind. Okkulte Praktiken führen zu Ängsten und zu einem gestörten Verhältnis zur Wirklichkeit. Und manche dieser Schüler sind auch schon im Selbstmord und sehr viele in Drogen geendet. Wer sich also auf diese Dinge einlässt, wird davon belastet.

Okkultismus findet sich verstärkt im Kinderzimmer, zum Beispiel in den Phantasie-Rollenspielen. Am bekanntesten sind „Dungeons & Dragons" und „Das Schwarze Auge". In diesen Rollenspielen schlüpfen die meist jugendlichen

Spieler in die Rolle eines Phantasiewesens. Mit Hilfe von satanischen Fluchformeln können Wunden geheilt und Wesen unsichtbar gemacht werden. Der Seelensammler im Spiel, das schwarze Auge, sammelt am Ende die Seelen der Menschen auf.

Auch andere „Spiele“ drehen sich um Übernatürliches, so das Spiel „Warlock - Duell der Zauberer“, „Graf Wampo“, „Die guten und die bösen Geister“ und ähnliches. Das sind zwar Spiele, aber Kinder werden dadurch schon sehr früh mit dieser Welt des Okkulten, des Magischen und des Aberglaubens konfrontiert.

Die Noris-Spiele bieten einem breiten Publikum das Spiel „Die drei Magier“ an, die auf der Suche nach den verlorenen Tarot-Karten des Königs sind. Die Firma MB wollte da nicht hinterherhinken und präsentiert verschiedene Phantasiespiele: „Die Claymore-Saga“, „HeroQuest“, „StarQuest“ und wie sie alle heißen. Ein weiteres Spiel namens „Atmosphere“ zeigt den magischen Herrn der Schlüssel, gegen den man antreten muss. Sein Angesicht kommt per Videokassette zum Spieler. Ein neues Phantasie-Brettspiel mit magischen Zaubergegenständen heißt „Der Talisman“. Ein weiteres heißt „Hexenjagd“.

Überhaupt werden die Hexen heute sehr gern verharmlost. Die Firma Matell brachte das Gesellschaftsspiel „Spirit“ (Geist) heraus. Hier spielen drei bis sechs Zauberer gegeneinander. Zauberkarten bestimmen den Spielablauf. In den achtziger Jahren waren die Figuren von „Masters of the Universe“ sehr verbreitet mit Namen wie „He-Man“, „Skeletor“ (der Herr der Dämonen) und wie sie alle hießen. Diese waren aus dem Fernsehen bekannt, was zeigt, wie dieses mit der Spielindustrie zusammenwirken kann. Und die Kinder griffen gerne nach den Spielzeug-monstern.

Die Figuren von „Masters of the Universe“ wurden übrigens über 200 Millionen Mal verkauft. Hier ist die Magie an der Tagesordnung. Die Kreaturen können sich mit Hilfe von Zauberformeln in andere Wesen verwandeln. Für die Mädchen hat man das Gegenstück dazu entwickelt: „Princess of Power“ (Prinzessin der Energie, der Kraft). Dies besitzt eine Anlehnung an das New Age-Denken mit der kosmischen Energie.

Außerdem gibt es die „Rainbow Bride“ (Regenbogenbraut), mit dem Regenbogen, der ja auch missbraucht wird als New Age-Symbol für die Steigerung des Menschen zum

Übermenschen. Der Mensch soll selber zum Gott werden aus eigener Kraft. Da heißt es über Regina Regenbogen: „Sieht Regina Regenbogen nicht wunderhübsch aus in ihrem neuen Zauberkleid? Es verleiht ihr magische Kräfte. Auf schnellstem Wege führt es Regina Regenbogen zu allen, die ihre Hilfe brauchen." Dies geschieht durch ihr Zauberkleid, wobei die Magie immer eine bedeutende Rolle spielt.

Das Gleiche gilt auch für die äußerst erfolgreichen und verführerischen Romane und Filme über den Zauberer Harry Potter, für die Romanfiguren „Krabat" und „Die kleine Hexe" von Otfried Preußler und vieles andere.

Was ist eigentlich Magie? Magie heißt, dass man Dinge erzwingen will durch irgendwelche Techniken und Beschwörungen. Man betet nicht zu Gott. Der Unterschied zwischen Magie und Gebet ist, dass wir beim Gebet Gott nach seinem Willen fragen, so wie es im Vater Unser heißt: „Vater unser im Himmel. Geheiligt werde dein Name. Dein Reich komme." Und dann heißt es: „Dein Wille geschehe wie im Himmel so auf Erden." In der Magie heißt es: „Mein Wille geschehe!" Und das, was ich vielleicht sogar Gott nenne, muss das ausführen, was ich jetzt will. Und da wird dann Magie gebraucht: Magische

Beschwörungen, magische Formeln, magisch gebrauchte Kreuze in den Dracula-Filmen und so weiter. Das ist alles weiße Magie, aber genauso Beschwörungen. Man will das, was man Energie oder missbräuchlich auch Gott nennt, dazu zwingen, das auszuführen, was der Mensch selber will.

Natürlich müssen wir auch beim Gebet aufpassen. Wir sollen so beten: „Herr, Dein Wille geschehe in allem!“ Ich will nichts erzwingen. Ich kann natürlich inständig bitten, aber immer mit der Haltung: „Herr, Du weißt, wie es am besten für mich ist! Du bist der Herr, ich bin nur Dein Diener!“ Aber der Magier will Herr sein über Gott, über die Kraft oder über das magische Schwert und so weiter. Und deshalb gibt es keinen Unterschied zwischen schwarzer Magie, die das Böse will, und weißer Magie, die das angeblich Gute will, wenn hier Gottes Name missbraucht wird. Das ist alles Magie und nimmt heute sehr überhand.

Zu nennen sind auch die Turtles-Figuren und die Glücksbärchis. Das sind scheinbar gute helfende Geister in Form von kleinen Bären. Gemeinsam kämpfen sie gegen die bösen Geister auf der Erde und die mit ihnen verbündeten Monster. Nur unter Mithilfe von zwei irdischen

Kindern gelingt es ihnen, den bösen Geist zu überwinden. Der Zuschauer wird hier also mit einem Geisterkampf konfrontiert - zwischen schwarzer und weißer Magie gewissermaßen. Von Gottes Wort her beurteilt ist hier aber kein Unterschied, denn – wie gesagt – Magie ist Magie. Es gibt gar nicht schwarze und weiße Magie, sondern sie stammt immer aus der gleichen dunklen Quelle.

Von der Firma Bienengräber kommen die 8 „Horrorheads" (Horror- oder Schreckensköpfe) aus der Reihe „Mighty Max" (Mächtiger Max) - Monsterköpfe für die Kleinen. Sehr erfolgreich sind auch die Reihen „Winspector" und „Little Dracula" (Kleiner Dracula). Dracula (Vladracul), ein rumänisches Wort, heißt übrigens nichts anderes als Teufel. Es war ein Fürst, der in Transsylvanien (im heutigen Rumänien) gelebt hat, und die Türken, als sie im Türkenkrieg einmarschierten, sehr grausam umgebracht hat, indem er sie auf Pfähle spießen ließ. Die Legende um Dracula ist dann später entstanden – mit der Variante, dass man ihn als Vampir aufspießen müsste, um ihn zu besiegen. Das ist alles pure Phantasie, feiert heute aber fröhliche Urständ und die Kinder werden von Gott weggeführt hin zu diesen finsteren Gestalten.

Wo sind heute die biblischen Geschichten? In meiner Kindheit gab es sogar im Fernsehen noch biblische Geschichten über Jesus, Paulus und die Propheten, zum Teil sogar als Puppenspiele. Wo ist das heute geblieben? Sicherlich existieren noch einzelne Ausnahmen durch Bibelverfilmungen, die allerdings auch nur unter Widerstand durchgesetzt werden konnten.

Vierter Teil: Computerspiele und ihre Gefahren

Computerspiele feiern heute fröhliche Urständ. Der Markt ist bedrohlich und kaum noch zu überblicken. Beispiele von Magie könnte man tausendfach anführen. In dem Spiel „Loume“ der Firma Lukas Film kämpft ein kleiner Junge gegen die Macht der drei Schatten. Das Werkzeug zur Überwindung der Schatten sind Zaubersprüche, die man sich im Laufe des Spiels aneignen kann. Hat man alle Sprüche gesammelt, erklingt am Ende eine Zaubermelodie und der Feind ist geschlagen. Auch bei dem Computerspiel „Goals and Ghosts“ geht es um Zauberei. Es existieren auch andere Titel wie „Mystic Defender“ (Mystischer Verteidiger), „Altered Beast“ (Das verwandelte Biest/Ungeheuer) oder „Ghostbusters“ (Geisterjäger), was die Geister total verharmlost, als wenn man sie mit dem Staubsauger fangen könnte.

Dann gibt es seit etlichen Jahren die Spielcomputer im Taschenrechnerformat, genannt Gameboys von der Firma Nintendo. Mit einem tragbaren Rekorder kann man hier überall seine Spiele sogar auf dem Schulhof zelebrieren. 1990 eingeführt, waren Ende 1991 schon 2 Millionen

Gameboys in Deutschland verkauft worden, dazu 5 Millionen Spielkassetten (inzwischen CDs). Nach neuesten Umfragen sollen inzwischen bereits 30 Prozent aller 6 bis 8jährigen einen Gameboy besitzen. Die CDs, die da in aller Regel angeboten werden, sind problematisch.

Einer der großen Bestseller ist „Die Legende von Zelda“. Der Held „Link“ sucht hier nach bestimmten Teilen einer Macht, genannt „Tri-Force“ (Drei-Kraft), die als magisches Dreieck die Phantasiewelt zusammenhält. Link kämpft gegen Dämonen und Drachen. Dabei helfen ihm magische Mittel, zum Beispiel eine magische Flöte. In dem Videospiel kommen weitere magische Dinge vor: Ein Zaubertrankhändler, ein magisches Schwert, ein Armband, das übermenschliche Kräfte freisetzt, eine Fee, die die Lebensenergie wieder auffüllt, ein magisches Buch, ein magischer Schlüssel usw. Der Held besitzt sogar einen Magievorrat, den er gespeichert hat und der durch den Ausspruch von Zaubersprüchen verbraucht wird.

In „Fortress of Fear“ kämpft Kuros, der Tapfere, gegen die bösen Mächte des Wizard Malkil. Er hält mit Hilfe seiner Zauberei eine schöne Prinzessin gefangen. Verschiedene Utensilien helfen dem Helden, sich gegen die

Macht durchzusetzen, zum Beispiel ein magischer Diamant, ein Zauberspruch für Unsichtbarkeit, Heilungskraft, ein so genanntes Extra-Leben usw.

In der Castlevania Adventure kämpft man gegen den Grafen Dracula und ähnliches - aber immer auf magische Weise, mit magischen Mitteln und nicht mit der Kraft Gottes oder im Glauben. Auch „Science Fiction Metroid“ und andere wären noch zu nennen. Besonders grausam ist das Spiel „Dr. Franken“ der Firma Jeno. Ein Beispiel nur, was in der Spielbeschreibung geschrieben wird und heutzutage auch Kinder weithin konsumieren:

„Körperlose Geister und misslungene Kreaturen treiben im Labor Unsinn. Sie zerlegen Bitsy in ihre Einzelteile und verstreuen diese in die unsäglichen Gemächer der Burg. Franky selbst, der über Nacht vom Riesen zum Zwerg geschrumpft war, muss nun die Teile seiner geliebten Bitsy wieder auffinden, um sie zusammen zu bauen.“

Was für eine grausame Vorstellung!

Die Computerspiele sind in der Welt des 21. Jahrhunderts zum festen Bestandteil der weltlichen Unterhaltung geworden, sie prägen heute unsere gesamte Kultur und sie beeinflussen die Menschen ebenso wie andere Massenmedien, besonders bei Kindern und Jugendlichen ist zu beobachten, dass sich ihr Alltag durch Computerspiele stark negativ verändert.

Man unterscheidet dabei hauptsächlich PC-Spiele (für den normalen Personal Computer oder das Notebook) von Konsolenspielen (für z.B. Nintendo Wii, Sony Playstation oder Microsoft Xbox - um nur die Wichtigsten zu nennen).

Es gibt Spiele zu allen denkbaren Themen. Mit dem technischen Fortschreiten der Computer sind heutzutage fast fotorealistische Bilder und Darstellungen von Landschaften und Personen in den Spielen möglich. Sicher gibt es auch einige „harmlosere" Spiele wie „Die Sims" (eine Alltagssimulation in der Art der TV Serie „BigBrother") oder Geschicklichkeits- und Denkspiele (z.B. das Spiel „Gehirnjogging" für Nintendo DS) oder auch Sportspiele und Autorennen, aber den weitaus größten Anteil am Spielemarkt haben sogenannte Actionspiele, Rollenspiele und Strategiespiele. Genau abzugrenzen sind diese Einteilungen nicht immer, es gibt auch viele Kombinationen unter denselben.

Bei ersteren geht es meist um Sieg durch Gewalt in Form von realistisch simulierten

Kriegseinsätzen („Company of Heroes", „Call of Duty", „Battlefield") oder in erfundenen Geschichten von z.B. Außerirdischen („Unreal Tournament", „Crysis", „Halo"). Oft werden auch nach Vorlage von brutalen Hollywood-Filmen und -Serien Spiele produziert, in denen sich dann entsprechende Gewalthandlungen und Magie selbst nachstellen lassen (z.B. „Riddick", „Harry Potter", „Hitman", „Transformers", „Resident Evil", „Batman" u.v.m.). Das besondere daran ist die sogenannte Egoperspektive (d.h. Der Spieler blickt in das Geschehen auf dem Bildschirm wie aus eigener, realer Sicht, aus eigenen Augen sozusagen); somit wird er direkt in die Handlung involviert (einbezogen).

Viele dieser Spiele existieren sogar in einer extra blutigen Version für Erwachsene, wobei die zumeist findige Jugend stets an derartige Ausgaben ebenso kommt, wie an entsprechende Videofilme für Erwachsene. Über den Inhalt dieser Art Spiele ist vor allem eines zu sagen: Er ist durchweg gewalttätig bis hin zum Horror, blutig und teilweise magisch-mystisch oder okkult, und keinesfalls für die Augen eines wiedergeborenen Christen bestimmt, der den Herrn Jesus lieb hat. Wer sich diesen Dingen aussetzt, wird zwar deshalb nicht unbedingt zum Schläger, aber man kann unmöglich derartiges anschauen und spielen und dann in der Bibel lesen um auf das Wort Gottes zu hören.

Die Rollenspiele sind nicht minder gewalttätig, aber dabei geht es vor allem darum, dass der Spieler eben die Rolle der Hauptfigur des Spiels übernimmt. Dann beginnt er die zumeist magisch-mittelalterliche oder außerirdische Fantasy-Welt zu erkunden, und lernt dabei Schritt für Schritt sich zu entwickeln um zum alles beherrschenden Superhelden (Hexer, Krieger, Magier, u.a.) dieser Welt zu werden. Dabei spielt stets der Gebrauch und die Anwendung von Magie eine große Rolle – oft auch ganz eindeutig im Zusammenhang mit okkulten Symbolen wie Runen und Pentagrammen oder magisch aufladbaren Gegenständen. Beispiele für Spiele dieser Art sind z.B. Final Fantasy, Zelda, Little Kings Story (Nintendo Wii) oder Gothic, Venetica, Vampire, Assassins Creed, Elder Scrolls: Oblivion, Two Worlds, Fallout.

Allerdings ist jedoch in den letzten Jahren ein besonderes Genre entstanden – die Online-Rollenspiele. Sie werden generell über das Internet gespielt und haben das mit Abstand größte Suchtpotential – vergleichbar mit Drogen wie Alkohol oder Ecstasy. Dadurch, dass sich nun Spieler von der ganzen Welt an dem

Handlungsgeschehen (über das Internet) beteiligen, entsteht bei vielen ein Realitätsverslust – sie wollen dann in dieser fiktiven, weltweiten Rollenspielgemeinschaft einen möglichst hohen Rang (Level) und Namen haben. Dies geht soweit, das mancher Spieler (betrifft nicht nur Jugendliche, sondern auch Erwachsene, es gibt Onlinespieler im Alter von über 60 Jahren!) schon Gesundheitsschäden durch dauerhaftes Spielen (bis hin zum Krankenhausaufenthalt) hatten und viele sich dann wochen- oder monatelang in jeder freien Minute nur vor ihrem PC aufhalten. Beispiele dieser Art von Spielen sind u.a. World of Warcraft, Herr der Ringe, Guild Wars, Age of Conan und Sacred.

Besonders schlimm ist auch, dass besondere Gegenstände, die im Spiel (rein fiktiv also) erworben werden, dann über Plattformen wie Ebay im Internet zum Verkauf angeboten sind (z.B. World of Warcraft) und mancher sich dann dort für echtes Geld fiktive Gegenstände oder hochrangige Spielcharaktere kauft. Nicht zu vergessen, das derartige Spiele zumeist auch dauerhaft kostenpflichtig sind und über ein Abonnement bezahlt werden müssen. Zu bemerken ist auch, das viele der extrem gewalttätigen Actionspiele ebenso rege über das Internet gespielt werden – nur dass der allgemeine Suchtfaktor dabei etwas niedriger liegt. Über das Internet bilden sich dann Spielgemeinschaften (sog. Communities oder Clans) und die Teilnahme an diesen Gemeinschaften kann durchaus mit einer Vereinstätigkeit verglichen werden. Nicht selten werden dann regelmäßige Treffen der Mitglieder in der realen Welt vereinbart. Oft trifft man sich auch zu sogenannten LAN-Partys, wo dann zumeist exzessives PC Spielen und das Tauschen von oftmals illegal über das Internet erworbenen Filmen und Musiktiteln im Vordergrund steht.

Die Strategiespiele sind eine Mischung aus beiden Genres und haben eine eher weniger realistische Darstellung. Oft sieht der Spieler das Geschehen aus der Vogelperspektive und dirigiert die Handlung (strategisch) aus einer Übersicht heraus. Neben Spielen wie Civilisation, Anno, Tropico oder SimCity, wo eher der Aufbau einer fiktiven Stadt oder Welt im Vordergrund steht, gibt es unzählige Strategiespiele zum Thema Krieg in allen Varianten (Weltkrieg, Science-Fiction, Fantasy, Mittelalter u.a.). Dabei kommt dem Spieler stets die beherrschende Rolle zu, er ist sozusagen der Kommandant oder Erschaffer über dem Ganzen. Spiele dieser Art sind z.B. Heroes of Might and Magic, King´s Bounty, War Leaders, Command&Conquer, Warhammer und

Starcraft. Geschichten und Inhalte sind natürlich denen der vorher genannten Genres ähnlich und von Magie und Gewalt durchzogen; auch wenn, wie gesagt, nicht in der realistischen Darstellung und Perspektive wie bei den Actionspielen.

Generell sind Computerspiele durch ihre stetige, verbesserte Darstellung (Stichwort: Filmreif) immer mehr ein bedeutender Suchtfaktor geworden. Ungezählte Teenager, Jugendliche und Erwachsene (auch viele Familienväter) sitzen Tag für Tag vor den Bildschirmen und kommen nicht von den immer aufregender, bunter und umfangreicher gemachten Spielen los. Da heute in fast jedem Haushalt ein PC-Gerät steht, hat auch so gut wie jeder Jugendliche (und meist schon Kinder) Zugang dazu. Wenn Eltern sich dann nicht genau informieren, was ihre Kinder am PC machen, oder gar selbst ein schlechtes Vorbild sind, dann wird es nur eine Frage der Zeit sein, bis der Geist dieser „Spiele" Einzug hält.

Dazu kommt, das die neuesten Spiele nicht gerade billig sind (ein neues Spiel für Nintendo Wii kostet mindestens 40 Euro und für den PC zwischen 40 - 60 Euro) und auch die Technik dazu muss nach 2-3 Jahren erneuert werden. Viele süchtige PC- und Konsolenspieler geben mehrere hundert Euro im Jahr für ihr „Hobby" aus, somit ist es auch nicht verwunderlich, dass sich rund um diese Welt eine ganze Spiele-Industrie (deren Umsätze teilweise die der Filmindustrie übersteigen) gebildet hat. Das Ziel der dahinter stehenden Mächte ist aus biblischer Sicht klar: Verrohung des Denkens und Fühlens schon im Kindesalter und die Vorführung und Einführung okkulter und magischer Praktiken und Symbole als „Normal". Gewalt wird darüber hinaus massiv verharmlost.

Fünfter Teil: Verführung durch finstere Musik

In der Musikbranche könnte man auch vieles nennen. Dazu nur einige Beispiele aus der Rockmusik (wobei es auch in der Klassik einiges an Magie gibt, wie zum Beispiel okkult inspirierte Werke von Alexander Skriabin und anderen Komponisten).

In den siebziger und achtziger Jahren waren besonders die Rolling Stones Vorreiter des Okkulten. 1994 erschien ihr Album namens „Voodoo Lounge". Voodoo ist ein Verwünschungszauber, bei dem Nadeln in Puppen hineingesteckt werden, um Menschen zu verwünschen und zu schädigen. Unter diesem Motto sind die Rolling Stones 1994 auf Tournee gegangen. Bereits 1967 erschien von den Stones das Album „Their Satanic Majesties Request" (Seine satanischen Majestäten laden ein). Zu ihren bekanntesten Titeln gehört „Sympathy for the Devil" (Sympathie für den Teufel) von 1968. Mick Jagger spielte 1972 die Rolle des Luzifer in dem Film „Lucifer Rising" (Luzifers Aufstieg) von Kenneth Anger, einem führenden Satanistenschüler von Aleister Crowley, dem führenden Satanisten des 20. Jahrhunderts. Dieser hatte sich bewusst dem Teufel verschrieben und sich als „Das Tier“ und ähnliches bezeichnet. Er endete im Drogenelend wie viele dieser Leute.

Berühmt berüchtigt wurde das Rockfestival in Altamont 1969, bei dem ein Zuschauer von den Hells Angels, der Fangruppe der Stones, hingerichtet wurde. Danach wurden die Stones gemäßigter. Bei Rockkonzerten werden oft Drogen verkauft, die Leute kommen in Ekstase und die Zerstörungswut erlebt man leider sehr oft.

Auch die Gruppe „Black Sabbath“ (Schwarzer Sabbat bzw. Hexensabbat) ist zu erwähnen, die mit okkulten Texten und Ritualen arbeiten. Sie wurden, wie der Name schon sagt, zum Prototyp des okkulten Rock. Ozzy Osbourne verstand sich als wiedererstandener Aleister Crowley (führender Satanist). Auf der LP „Reflection“ von 1975 hieß es werbewirksam:

„Und du, armer Narr, der du diese Langspielplatte in Händen hältst, wisse denn, dass du mit ihr deine Seele verkauft hast, denn sie wird schnell in diesem höllischen Rhythmus, in der teuflischen Kraft der Musik, gefangen sein. Und dieser musikalische Tarantelbiss wird dich tanzen lassen, ohne Ende, ohne Pause.“

Die Gruppe warb auch mit der Zahl des Antichristen 666 auf der LP von 1973 „Sabbath

Bloody Sabbath“ (Blutiger Sabbat).

Okkulte Texte finden sich auch bei populären Gruppen wie Led Zeppelin, Eagels, Deep Purple, Kiss, Uriah Heep, AC/DC und anderen. Iron Maiden, eine Heavy Metal-Band nannte 1985 eine LP ebenfalls „The Number of the Beast 666“ (Die Zahl des Tieres), also des satanischen Herrschers, des Antichristen.

Ging es in den siebziger Jahren noch um die so genannte sexuelle Revolution, freien Sex und so weiter, so stand Ende der achtziger Jahre dann der Okkultismus als konsequente Folge davon im Mittelpunkt. In unserer Zeit ist die so genannte Heavy Metal-Musik populär, eine äußerst grausame, brutale Musik. Auch in den „christlichen“ Bereich ist diese übrigens zum Teil schon eingedrungen, wie auch manches andere Ungute aus der Welt. Als Black Metal gibt es Gruppen wie Mötley Crüe, die proklamieren: „Shot at the Devil“ und „God bless the children of the Beast“ (Gott segne die Kinder des Antichristen), eine Gotteslästerung. Die Gruppe „Mars“ sang über „Fire from Hell“ (Feuer von der Hölle). Crossfire verabschiedete sich von seinen Hörern mit „See you in hell“ (Wir sehen uns wieder in der Hölle). Die Band „Venom“, die sich selbst als die linke Hand Satans versteht, begrüßte dagegen die Hörer mit einer LP: „Welcome to Hell (Willkommen in der Hölle) und „At War With Satan“ (Im Krieg mit Satan).

Es gibt Menschen, die bewusst dieses besingen und verherrlichen, die vielleicht sogar darum wissen, dass es das wirklich gibt – und trotzdem mit verstocktem Herzen diesen Weg gehen und vor allem Millionen Jugendliche damit hineinziehen wollen. Manche denken, es sei nur ein Spaß, andere wissen sehr wohl, dass hier finstere Mächte dahinter stehen.

Sicherlich spielen in der Musik auch Geschmacksfragen eine Rolle. Ganz klar ist da an den Generationsunterschied zu denken. Ich vertrete die Hypothese, dass man, wenn man einmal älter als dreißig Jahre ist, diese wahnsinnigen Rhythmen nervlich gar nicht mehr verkraften kann. Und ich befürchte manchmal, dass wer als Jugendlicher das immer hört, ziemlich schnell altert. Wenn man sich einmal so verbrauchte Jugendliche ansieht, wirken diese schon wie Fünfzig- oder Sechzigjährige. Nicht umsonst sind heutzutage manche Sechzigjährige frischer als manche Zwanzigjährige.

Und wenn noch Drogen dazukommen, dauernd wechselnde sexuelle Partnerschaften, homosexuelle Beziehungen und womöglich noch

Aidsinfektionen, dann ist klar, dass viele dieser Jugendlichen wirklich einen harten und grausamen Weg gehen. In vielen Großstädten ist das zu beobachten. Und wenn Jesus gesagt hat, dass er weinte um die Verlorenen, die er gesehen hat, muss ich oft daran denken, wenn ich durch Großstadtzentren laufe: Sie sind wie Schafe, die keinen Hirten haben. Zwar kann man es äußerlich nicht immer gleich erkennen, aber trotzdem entsteht bei näherem Hinsehen oder Kontakt der Eindruck, dass es vielen ganz schlecht geht, weil sie so fertig aussehen.

Sechster Teil: Eine Warnung aus Liebe

Wichtig zu wissen ist, dass sich mit finsteren Dingen nicht spaßen lässt. Manche denken einfach aus Neugierde, man müsse es ja mal mit dem Okkulten probieren, ob es nicht doch funktioniert. Aber es führt in Sucht und Bindungen hinein. Die Menschen sind nicht mehr frei und müssen immer wieder die okkult inspirierte Musik hören und belastende Dinge praktizieren. Manche können gar nicht mehr ohne Walkman oder mp3-Player herumlaufen. Manche Jugendliche joggen sogar damit. Man kommt gar nicht mehr weg von dieser Musik. (Das ist genauso, als wenn ich im Wald an der frischen Luft oder im Luftkurort immer nur rauchen muss. Das wäre ebenfalls paradox.)

Die Freiheit geht sehr schnell verloren, wenn ein Mensch sich freiwillig in die Sklaverei des Okkultismus, der Drogen, okkulter Musik oder dauernder Berieselung durch irgendwelche Massenmedien hinein gibt. Dazu hat uns Gott nicht geschaffen. Er wollte, dass wir glückliche, fröhliche Menschen sind, dass wir auch anderen als Christen ein Vorbild sein können, dass wir etwas ausstrahlen von seiner Liebe und einen

Sinn in unserem Leben haben.

Für mich heißt dieser Sinn des Lebens, dass ich wissen darf, wo ich herkomme, wo ich stehe und wo ich hingehe. Und der Sinn des Lebens heißt: Ich weiß, ich komme aus Gottes Hand - Er hat mich geschaffen. Ich weiß, ich stehe in Gottes Hand, bin sein Geschöpf und auch sein Kind, wenn ich an Jesus Christus glaube und meine Sünden von Herzen bereut habe. Dann ist Er mein Erlöser und Herr. Ich darf ihm dienen und habe ein erfülltes Leben im Dienst für ihn. Und das Ziel ist, dass ich einmal ganz in seiner Gemeinschaft sein werde. Der Tod ist für mich kein Schlusspunkt, sondern ein Doppelpunkt, der Punkt zur ewigen Freude und Herrlichkeit. Das ist sinnvolles Leben. Das prägt mich in meinem Alltag und schenkt mir wahre Erfüllung.

In der finsteren, okkulten Welt ist vieles sicherlich Betrug und Einbildung, aber es gibt auch finstere Mächte, gefallene Engel, die sich von Gott losgesagt haben und zu Dämonen geworden sind. Davon spricht die Bibel deutlich. Das ist kein antikes Weltbild. Wenn man einmal mit Missionaren in Afrika spricht - und wir müssen heute ja gar nicht so weit weg gehen – hört man von ihnen und sieht auch in unseren Städten, wie viele Belastungen es mit finsteren

Mächten gibt. Die ekstatischen Tänze in Afrika um das Lagerfeuer dienen ja nur dazu, dass der dämonische Geist in den Menschen hinein fährt und er dann irgendwelche übernatürlichen Dinge vollbringen will. Aber es ist nicht Gott, sondern es sind dämonische, teuflische, finstere Mächte, mit denen man sich da einlässt, wo man nicht den lebendigen Gott kennt und angenommen hat.

Unter die finsteren Praktiken fallen Spiritismus, Zauberei, Beschwörung, Magie und auch die Astrologie, die Horoskope. Man verehrt hier die Sterne, anstatt den Schöpfer. Man befragt die Sterne, anstatt das Wort Gottes. In 5. Mose 18 heißt es, dass solche Praktiken wie Hellsehen, Wahrsagen, durchs Feuer laufen, Astrologie, Spiritismus, Totenbeschwörung, Handlinienlesen und was alles dazu gehört, Gott ein Gräuel sind, dass das Gott nicht gefällt und er sich davor ekelt. Der Mensch soll Gott die Ehre geben, ihn fragen, bei ihm Zuflucht suchen und zufrieden sein mit dem, was Gott in seinem Wort, in der Bibel, geoffenbart hat. Er soll sich nicht auf solche finsteren Dinge einlassen.

Das möchte ich auch uns zurufen und auch den Kindern: Lasst doch die Finger von diesen Dingen weg, die euch nur binden wollen und unglücklich machen!

Wer ist schon glücklich, wenn er seine Zukunft erfährt, aus welcher Quelle auch immer? Hat es einem Menschen geholfen, wenn er vom Astrologen oder von irgendjemand seine scheinbare Zukunft erfahren hat? Die Menschen haben sich dann oft in eine Angst hineinbegeben wegen einem vermeintlichen Todestermin oder zu erwartender Schicksalsschläge. Diese Menschen sind längst nicht mehr frei. Es gibt natürlich auch Zufallstreffer und die werden dann hochstilisiert. Dämonische Mächte haben mehr Einblick als wir Menschen, aber sie haben keine Allwissenheit. Es ist immer eine Mischung aus Wahrheit und Lüge, was sie sagen, und das ist die Verführung: Immer ein bisschen Wahrheit und ganz viel Lüge! So ist Gott nicht; er ist die Wahrheit und die Liebe in Person. Ihm können wir völlig vertrauen.

Siebter Teil: Wie können wir unseren Kindern helfen?

Es wird wenig helfen, ihnen nur alles zu verbieten und zu sagen: „Du darfst dieses nicht und jenes nicht!“ Wichtig ist, dass wir ihnen gute Alternativen bieten und vor allem: dass wir ihnen die Liebe des Herrn Jesus Christus groß machen durch biblische Erzählungen und unser eigenes Vorbild als Christen.

Wenn Kinder und Jugendliche dazu neigen, nur noch vor dem Bildschirm zu sitzen, dann würde ich in aller Liebe sagen: „Lass uns mal einen Ausflug machen!“ oder „Lass uns mal spielen!“ oder etwas anderes gemeinsam unternehmen. Sie müssen aus ihrer Passivität (der Bildschirm erzeugt einen hypnotischen Zustand!) herausgerissen werden. Das tut auch uns selber gut. Wie sehr freuen sich unsere Kinder, wenn wir mit ihnen etwas unternehmen! Das gefällt ihnen viel mehr, als wenn man sie vor einen Bildschirm setzt. Vom natürlichen Empfinden her haben die Kinder ein ganz anderes Bedürfnis als Berieselung, nämlich: Aktivität, Spiele, Ausflüge, nachbarschaftliche Kontakte. Das ist sicherlich auch in der Stadt möglich und auf dem Dorf vielleicht noch einfacher.

Ferner ist es natürlich auch gut, wenn wir mit den Kindern, soweit sie schon groß genug sind, ganz sachlich über die Gefahren sprechen, die mitschwingen können bei gewisser Musik, bei gewissen Spielen und bei gewissen Sendungen. Bei ganz kleinen Kindern ist es sicherlich nicht so möglich, ihnen muss man manches einfach verbieten; aber diese sind auch noch nicht so gefährdet, diese Dinge aus eigenem Streben zu wollen. Dagegen bei Größeren, die schon selber entscheiden wollen, würde ich ihnen das durchaus erklären: „Das finden wir nicht gut! Der HERR Jesus freut sich nicht darüber! Hier sind Dinge, die im Widerspruch zu Gottes Wort stehen!“ Für das Internet kann ein Kinderschutz- und Filterprogramm eine große Hilfe sein. Der beste Schutz vor Gefahren ist aber die Liebe zu Jesus und die Frage bei allem: Was würde Jesus dazu sagen? Was würde Jesus tun?

Natürlich muss auch ein Verbot sein, aber wenn das immer nur die Reaktion ist und man sie zwingt und es ihnen nur noch verbietet, kann es sein, dass die Kinder ins Gegenteil fallen, sich verstocken und gar nicht mehr offen sind. So weit darf es natürlich nicht kommen.

Das Gespräch über die Gefahren und natürlich auch die Einschränkung oder sogar der Verzicht auf Fernseh- und Computerkonsum und anderen Dingen ist zu beachten. Man sollte ja nicht unbedingt den Kindern etwas Schlechtes vorsetzen, wenn es auch anders ginge. Und wenn okkulte Bindungen bereits vorliegen, wenn vielleicht größere Jugendliche sich schon mit finsteren Dingen eingelassen haben, dann ist das Gebet um Befreiung wichtig. Wer sich schon mit okkulten Dingen eingelassen hat, muss dies zunächst einmal als Schuld vor Gott erkennen, denn Gott will nicht, dass wir andere Mächte ehren, sondern ihn allein befragen und lieben und nicht finstere, gefallene Engel.

Dies gilt auch für Talismane oder Gegenstände, die an die Stelle Gottes treten, auch wenn man gar nicht daran glaubt, dass es überhaupt Dämonen gibt. Martin Luther hat einmal zu Recht gesagt: „Das, woran du dein Herz hängst, das ist für dich dein Gott!“ Hängen wir unser Herz an irgendwelche Gegenstände, an Amulette, Maskottchen, Horoskope, vielleicht auch an unseren Besitz oder unser Hobby? Oder ist unser Herz auf Gott ausgerichtet, auf seinen Sohn Jesus Christus, der uns am Kreuz erlöst hat, dass wir hier wirkliche Fülle in unserem Leben empfangen dürfen?

Das Weg zur Befreiung lautet: Sünde, auch okkulte Sünden, als Schuld erkennen, als Schuld bekennen, sich von okkulten Dingen und Gegenständen trennen und das Leben ganz Jesus Christus übereignen. Er ist der Sieger über alles Finstere, über alle bösen Mächte.

Als weitere Hilfen sollen die folgenden Ausführungen und mein persönliches Zeugnis dienen.

20 Hilfen für Christen, um Kinder vor dem Zeitgeist zu bewahren

1. **Seien Sie Ihren Kindern ein glaubwürdiges Vorbild als Christ.** Schenken Sie ihnen Ihre Liebe. Leben Sie, was Sie ihren Kindern sagen. Bitten Sie Gott um Kraft, dem Evangelium gemäß zu leben. Behaupten Sie aber nie, Sie seien vollkommen, sondern zeigen Sie Ihren Kindern, dass Sie selber Gottes Kraft, Korrektur und Vergebung brauchen.

2. **Beten Sie jeden Tag für Ihre Kinder.** Bitten Sie Gott um Hilfe, damit Er sie vor dem Bösen bewahrt. Bitten Sie Ihn, dass Ihre Kinder früh zur Bekehrung und geistlichen Wiedergeburt (Johannes 3) gelangen. Bitten Sie Gott, dass Er Ihren Kindern schon früh Unterscheidungsvermögen schenkt, um Böses zu durchschauen und das Gute zu tun.

3. **Erzählen Sie Ihren Kindern von klein auf biblische Geschichten.** Erklären Sie ihnen die Botschaft der Bibel und ebnen Sie ihnen den Weg zum eigenen Glauben. Füllen Sie so ihre Herzen mit dem Guten.

4. **Halten Sie mit Ihren Kindern von klein auf tägliche Hausandacht.** Wählen Sie dazu gute, dem Alter der Kinder angepasste Kinderbibeln und Andachtsbücher. Erklären Sie den Kindern das Gelesene liebevoll und mit persönlicher Betroffenheit.

5. **Singen Sie mit Ihren Kindern christliche Lieder**, die den Geist und das Herz ansprechen. Bevorzugen Sie dabei natürliche Instrumente ohne übergroßen Lärm oder elektronische Verzerrung.

6. **Reden Sie viel mit Ihren Kindern.** Hören Sie ihnen aufmerksam zu. Nehmen Sie sich Zeit, um ihre Fragen, Sorgen und Nöte zu verstehen und darauf einzugehen. Haben Sie immer ein offenes Ohr für sie, auch wenn Sie gerade mit ganz anderen Dingen beschäftigt sind.

7. **Unternehmen Sie viel mit Ihren Kindern.** Überlassen Sie Ihre Kinder nicht dem meist negativen Einfluss der modernen Medien mit ihrer verführerischen Scheinwelt. Holen Sie sie aus der virtuellen Welt heraus in die wirkliche Welt durch Ausflüge in die Schöpfung, Wandern, Radfahren und andere sportliche Unternehmungen vielfältiger Art. Feiern Sie Familienfeste und besuchen Sie miteinander gute Freunde und Verwandte. Schenken Sie Ihren

Kindern, wenn möglich, ein Haustier und übertragen Sie ihm Mitverantwortung für seine Ernährung und Pflege.

8. **Erklären Sie Ihren Kindern den verantwortlichen Umgang mit den modernen Medien.** Die heutigen Kinder und Jugendlichen werden in vielfältiger Weise damit konfrontiert und können deren Einfluss nicht ganz entgehen. Erklären Sie ihnen, wo Gefahren für ihre geistliche und seelische Gesundheit liegen und warum wir als Christen solches meiden. Bewahren Sie sie vor dem verderblichen Einfluss der medialen Berieselung durch das Fernsehen sowie durch okkulte, gewalttätige und unzüchtige Filme und Computerspiele. Setzen Sie Ihren Kindern inhaltliche und zeitliche Grenzen beim Mediengebrauch (z.B. durch Filterprogramme).

9. **Spielen Sie mit Ihren Kindern gute altbewährte Spiele als ganze Familie.** Planen Sie mehrere Spiele- oder Ausflugs-Nachmittage pro Monat ein, die zu unvergesslichen Gemeinschaftserlebnissen für die ganze Familie werden.

10. **Lesen Sie die Schulbücher Ihrer Kinder.** Reden Sie mit ihnen, wenn Sie darin problematische Inhalte entdecken, z.B. Hexen, Monster, Geister, antiautoritäre Pädagogik, freizügige Texte und Bilder, Gotteslästerung, Darwinismus. Reden Sie auch mit den Lehrern liebevoll, aber deutlich über deren Unterricht und bitten Sie diese, solche Inhalte wegzulassen und die Kinder nicht in Gewissenskonflikte zu bringen. Voraussetzung für ein offenes Ohr in der Schule für Ihr Anliegen ist, dass Sie die Lehrer nicht "von oben herab" kritisieren, sondern sich positiv im Schulalltag als christliche Eltern engagieren und dadurch guten Einfluss auf den Unterricht nehmen.

11. **Seien Sie konsequent und halten Sie Ihre Kinder fern**, wenn an der Schule Veranstaltungen laufen, an denen Christen nicht teilnehmen können. Zum Beispiel Halloween, Fasching, Besuch von okkulten Theaterstücken und Filmen oder ähnliches. Melden Sie Ihre Kinder von solchen Veranstaltungen ab und geben Sie den Lehrern eine sachliche Begründung dafür.

12. **Melden Sie Ihre Kinder, falls möglich, bei einer biblisch klar stehenden christlichen Schule an.** Falls es keine solche an Ihrem Ort gibt, schließen Sie sich mit anderen Christen zusammen und gründen Sie eine solche Schule. Achten Sie darauf, dass der Zeitgeist nicht in diese Schule eindringt. Dazu kann es dienlich sein, von vornherein ein klares biblisches Bekenntnis zu formulieren und in die Grundordnung dieser Schule aufzunehmen.

13. **Klären Sie Ihre Kinder auf, bevor andere es tun.** Erklären Sie ihnen - ungefähr ab dem Schulalter - behutsam und sachlich die ihnen von Gott geschenkte Sexualität. Sagen Sie ihnen, dass diese etwas Schönes ist, das in die Ehe zwischen Mann und Frau gehört. Nur der Teufel und seine Helfer versuchen, etwas Schmutziges daraus zu machen. Warnen Sie Ihre Kinder auch frühzeitig vor den Gefahren durch Nikotin, Alkohol und Rauschdrogen vielfältiger Art.

14. **Nennen Sie Ihren Kindern Argumente, wenn Sie ihnen etwas verbieten.** Bei kleineren Kindern mag es ausreichen, etwas einfach anzuordnen, aber je größer sie werden, um so mehr stellen sie Fragen. Informieren Sie sich selber darüber, warum etwas aus biblischer Sicht gut oder schlecht ist, bevor sie dies Ihren Kindern sagen.

15. **Nehmen Sie Ihre Kinder mit in Ihre christliche Gemeinde.** Es sollte eine bibeltreue Gemeinde sein, in der Jesus Christus und Sein unverfälschtes Wort im Mittelpunkt stehen. Lassen Sie Ihre Kinder dort einen Raum der Geborgenheit, des Friedens und der Freude erleben, in dem sie für den Alltag auftanken können.

16. **Achten Sie darauf, dass Ihre Kinder viel Kontakt zu anderen Kindern aus christlichen Familien haben.** Wichtig ist daher die Kinder- und Jugendarbeit in der christlichen Gemeinde. Laden Sie andere Familien aus der Gemeinde mit gleichaltrigen Kindern zu sich nach Hause ein. Unternehmen Sie viel zusammen mit solchen Familien, um sich gegenseitig als Christen zu ermutigen. Brechen Sie Kontakte mit nichtchristlichen Familien nicht einfach ab, sondern betrachten Sie diese als missionarische Möglichkeiten. Achten Sie aber darauf, was Ihre Kinder in solchen Häusern zu sehen und hören bekommen, und erklären Sie gegebenenfalls den Eltern der betreffenden Kinder liebevoll, warum wir als Christen Dinge, die Sünde sind, nicht mitmachen und nicht gutheißen können.

17. **Korrigieren Sie Ihre Kinder, wenn sie sich in Gefahr begeben.** Wer sein Kind lieb hat, lässt es nicht ins Verderben laufen. Sagen Sie ihm klar und deutlich, wenn etwas nicht gut ist, aber führen Sie es auch dazu, selber die Gefahren und Versuchungen im Leben zu durchschauen. Setzen Sie Ihrem Kind Grenzen aus Liebe und züchtigen Sie es maßvoll. Lehren Sie es, gute Autoritäten zu achten.

18. **Geben Sie Ihren Kindern Zeugnis von Ihren Erfahrungen mit Gott.** Lassen Sie sie an dem, was Ihnen als Christ wichtig ist, Anteil nehmen. Zwingen Sie ihnen aber nichts auf, denn die Entscheidung für Jesus kann jeder Mensch nur individuell treffen.

19. **Achten Sie darauf, dass Ihr Eheleben in Ordnung ist.** Nur wenn Vater und Mutter sich von Herzen lieben, werden auch die Kinder ein positives Vorbild von einer christlichen Familie für ihr eigenes Leben empfangen. Sollte Ihre Ehe gescheitert sein, dann machen Sie den anderen Elternteil nicht schlecht, sondern bitten Gott, Ihre Bitterkeit wegzunehmen und Ihren Kindern trotzdem ein Vorbild zu sein, indem Sie sich Liebe und Vergebungsbereitschaft von Ihm erbitten.

20. **Oberste Richtschnur jeder christlichen Erziehung sollte folgendes Wort aus der Heiligen Schrift sein:** *"Höre, Israel, der HERR ist unser Gott, der HERR allein. Und du sollst den HERRN, deinen Gott, lieb haben von ganzem Herzen, von ganzer Seele und mit all deiner Kraft. Und diese Worte, die Ich dir heute gebiete, sollst du zu Herzen nehmen und sollst sie deinen Kindern einschärfen und davon reden, wenn du* *in deinem Hause sitzt oder unterwegs bist, wenn du dich niederlegst oder aufstehst. Und du sollst sie binden zum Zeichen auf deine Hand, und sie sollen dir ein Merkzeichen zwischen deinen Augen sein und du sollst sie schreiben auf die Pfosten deines Hauses und an die Tore" (5. Mose 5,4-9).*

Brief an die Jugend

Liebe Freunde, wacht auf, ihr werdet betrogen!

Man hat euch gesagt:

„Lebt eure Triebe aus; dann seid ihr glücklich!“

Gottes Wort sagt:

„Glückselig sind, die reinen Herzens sind; denn sie werden Gott schauen“ (Matthäus 5,8).

„Die Unzüchtigen und die Ehebrecher wird Gott richten“ (Hebräer 13,4).

Man hat euch gesagt:

„Macht ohrenbetäubende Musik, dreht den Verstärker auf; dann fühlt ihr euch gut!“

Gottes Wort sagt:

„Durch Stillesein und Hoffen werdet ihr stark sein“ (Jesaja 30,15).

„Der Friede Christi … regiere in euren Herzen … Mit Psalmen, Lobgesängen und geistlichen Liedern singt Gott dankbar in euren Herzen“ (Kolosser 3,15 f.).

Man hat euch gesagt:

„Schaltet euren Verstand aus, entspannt euch und verzichtet auf alle Kritik! Denkt positiv und erweitert euer Bewusstsein durch Meditation, Drogen und Psychotechniken!“

Gottes Wort sagt:

„Seid besonnen und nüchtern zum Gebet!“ (1. Petrus 4,7).

„Seid nüchtern und wachsam, denn euer Widersacher, der Teufel, geht umher wie ein brüllender Löwe und sucht, wen er verschlingen kann. Dem widersteht, fest im Glauben gegründet!“ (1. Petrus 5,8 f.).

Man hat euch gesagt:

„Lernt okkulte Praktiken – Magie, Hexerei, Zauberei – , dann erlangt ihr übernatürliches Wissen und Macht!“

Gottes Wort sagt:

„Keiner soll seinen Sohn oder seine Tochter durchs Feuer laufen lassen oder Wahrsagerei, Hellseherei, Geheimpraktiken oder Zauberei treiben oder Bannungen oder Geisterbeschwörungen oder Zeichendeuterei vornehmen oder die Toten befragen; denn wer das tut, ist dem

HERRN ein Gräuel“ (5. Mose 18,10-12).

„Draußen (außerhalb der himmlischen Stadt) sind die Hunde und die Zauberer und die Unzüchtigen und die Mörder und die Götzendiener und alle, die die Lüge lieben und tun“ (Offenbarung 22,15).

Deren Platz „wird in dem feurigen Pfuhl sein, der mit Feuer und Schwefel brennt“ (Offenbarung 21,8).

Man hat euch gesagt:

„Geht dorthin, wo große Zeichen und Wunder geschehen, wo es zu großartigen Visionen und Offenbarungen kommt und wo ihr ganz besondere Erfahrungen machen könnt!“

Gottes Wort sagt:

„Ihr Lieben, glaubt nicht jedem Geist, sondern prüft die Geister, ob sie von Gott sind; denn es sind viele falsche Propheten ausgegangen in die Welt“ (1. Johannes 4,1).

„Es werden falsche Christusse und falsche Propheten aufstehen und große Zeichen und Wunder tun, so dass, wenn es möglich wäre, auch die Auserwählten verführt würden“ (Matthäus 24,24).

Man hat euch gesagt:

„Werdet alle eins, denn alle Religionen verehren denselben Gott!“

Gott spricht:

„Ich bin der HERR, dein Gott ... Du sollst keine anderen Götter neben Mir haben!“ (Erstes Gebot, 2. Mose 20,2 f.).

„Ihr sollt nicht den Gottesdienst der Heiden annehmen ... Denn ihre Götter sind alle nichts ... nichts als Vogelscheuchen im Gurkenfeld“ (Jeremia 10,2.3.5).

Jesus Christus, Gottes Sohn, spricht:

„Ich bin der Weg, die Wahrheit und das Leben; niemand kommt zum Vater außer durch Mich“ (Johannes 14,6).

Man hat euch gesagt:

„Jeder Mensch ist ein Kind Gottes; denn in jedem Menschen lebt Gottes Geist.“

Gottes Wort sagt:

„Wie viele Ihn (Jesus Christus) aber aufnahmen, denen gab Er Macht, Gottes Kinder zu werden, denen, die an Seinen Namen glauben, die … von Gott geboren sind“ (Johannes 1,12 f.).

„Und als Er (Christus) vollendet war, ist Er für alle, die Ihm gehorsam sind, der Urheber des ewigen Heils geworden“ (Hebräer 5,9).

Man hat euch gesagt:

„Redet doch nicht von Sünde, sondern nur von Fehlern, Pannen, Ausrutschern und Missgeschicken! Gut und böse sind dasselbe!“

Gottes Wort sagt:

„Die Sünde ist der Leute Verderben“ (Sprüche 14,34).

„Wehe denen, die Böses gut und Gutes böse nennen, die aus Finsternis Licht und aus Licht Finsternis machen, die aus sauer süß und aus süß sauer machen!“ (Jesaja 5,20).

Man hat euch gesagt:

„Horcht in euch selbst hinein; denn in euch selber findet ihr die Wahrheit, wenn ihr lange genug meditiert!“

Gottes Wort sagt:

„Aus dem Herzen kommen böse Gedanken, Mord, Ehebruch, Unzucht, Diebstahl, falsches Zeugnis und Lästerung. Das sind die Dinge, die den Menschen unrein machen“ (Matthäus 15,19 f.).

„Ich weiß, dass in mir, das heißt in meinem Fleisch, nichts Gutes wohnt“ (Röm 7,18.25).

Man hat euch gesagt:

„Nehmt alle so an, wie sie glauben und leben; lasst doch jedem seine Kultur und seinen Lebensstil!“

Gottes Wort sagt:

„Weist die Unordentlichen zurecht!“ (1. Thessalonicher 5,14).

„Wisst ihr nicht, dass die Ungerechten das Reich Gottes nicht erben werden? Lasst euch nicht irreführen! Weder Unzüchtige noch Götzendiener, Ehebrecher, Lustknaben, Knabenschänder, Diebe, Geizige, Trunkenbolde, Lästerer oder Räuber werden das Reich Gottes erben. Und solche sind einige von euch gewesen. Aber ihr seid reingewaschen, ihr seid geheiligt, ihr seid gerecht geworden durch den Namen des HERRN Jesus Christus und durch den Geist unseres Gottes“ (1. Korinther 6,9-11).

Deshalb:

Widersteht der Vereinnahmung durch schlechte Vorbilder in Zeitschriften, Radio, Fernsehen und Internet, die von „Liebe“ reden, aber „Unzucht“ meinen und euch dadurch ins Verderben führen!

Haltet fest am Vorbild des Gottessohnes Jesus Christus, der rein und heilig ist und uns durch Sein Leben und Seine Lehre zeigt, wie sich wahre Liebe verhält!

Widersteht der Vereinnahmung durch eine unbiblische religiöse Vermischung und Ökumene!

Haltet fest am vierfachen „Allein“ der Heiligen Schrift: die Bibel allein, Christus allein, die Gnade allein, der Glaube allein!

Widersteht der Vereinnahmung durch eine unbiblische Zeichen- und Wundersucht!

Haltet fest am größten Wunder: den Wunden Jesu Christi, der am Kreuz Sein Leben für unsere Erlösung hingegeben hat und wunderbar am dritten Tage von den Toten auferstanden ist!

Widersteht der Vereinnahmung durch eine – leider auch in „christlichen“ Kreisen – weit verbreitete „Spaßkultur“, die sogar das Kreuz Jesu Christi zum Unterhaltungsgegenstand verfälscht und den heiligen Gott lästert!

Haltet fest am dreieinigen Gott, der zugleich heilig und gerecht, liebend und barmherzig ist!

Widersteht dem mystischen Nebel, der euch einredet, in euch wohne von Natur aus ein „göttlicher Funke“!

Haltet fest an der Tatsache der völligen Verdorbenheit und Verlorenheit des menschlichen Herzens, das ganz auf die Erlösung allein aus Gnade angewiesen ist!

Widersteht einer „Musikkultur“, die meint, mit heidnischen Elementen (z.B. mit ekstatisierenden wilden Rhythmen, mantrahaften Wortwiederholungen oder auch extrem langsamen, trancefördernden Melodien) Menschen für den christlichen Glauben gewinnen zu können!

Haltet fest an wohltuenden geistlichen Liedern, die aus einem stillen, sanften Herzen kommen!

Widersteht dem Zeitgeist, hinter dem sich der Geist des Widersachers verbirgt!

Haltet fest an Gottes Geist, der euch von dieser vergehenden Welt scheidet und in alle Wahrheit leitet!

„Der HERR ist nahe allen, die Ihn anrufen, allen, die Ihn ernstlich anrufen“ (Psalm 145,18).

Brief an die Eltern

„Und als Jesus das Volk sah, jammerte es ihn; denn sie waren verschmachtet und zerstreut wie die Schafe, die keinen Hirten haben“ (Lk 9,36)

Liebe Eltern!

Wenn man heute durch die Straßen unserer Städte und Dörfer geht, dann jammert es einen. Man sieht immer häufiger Jugendliche mit leerem Blick, verstümmelten Haaren, perversem Schmuck, zerlumpter Kleidung. Wenn man sie nach ihren Hobbies fragt, dann bekommt man zu hören: Disco, Parties, Tanzen und Fun (Spaß). Immer mehr Jugendliche befinden sich im Bann von Alkohol, Nikotin und anderen Drogen, von Rock-, Techno- und Hip-Hop-„Musik“, von Frustration, Aggression, Okkultismus und sexueller Unzucht. Es sind „Menschen mit zerrütteten Sinnen, untüchtig zum Glauben“ (2. Tim. 3,8).

Waren sie schon immer so? Nein, sondern sie wurden so „gemacht“ – durch Einflüsse in ihrer Umgebung, vor allem aber durch schlechte Vorbilder in gewissen „Jugendzeitschriften“, in der Musikszene und in den Massenmedien, wo es ja heute keine Tabus mehr gibt, sondern nach dem

Motto gehandelt wird: „Alles ist erlaubt." Hier wächst in weiten Teilen unserer Gesellschaft eine Generation heran, die mit Gott und seinem Wort nichts oder kaum noch etwas anzufangen weiß, die vom rettenden Glauben massiv abgehalten oder wieder weggebracht wird.

Solche Menschen sind verführt und in die Fänge Satans geraten. Für ihre Verführer – egal, ob es gewisse Rockstars und DJs, Autoren okkulter Bücher und pornographischer Jugendzeitschriften oder „Macher" von entsprechenden Fernseh- und Radiosendungen sind - gilt das Wort Jesu Christi: „Wer aber einen dieser Kleinen, die an mich glauben, zum Abfall (vom Glauben) verführt, für den wäre es besser, dass ein Mühlstein an seinen Hals gehängt und er ersäuft würde im Meer, wo es am tiefsten ist. Weh der Welt der Verführungen wegen! Es müssen ja Verführungen kommen; doch weh dem Menschen, der zum Abfall verführt!" (Mt 18,7). Für die Verführten aber gilt: „Und als Jesus das Volk sah, jammerte es ihn; denn sie waren verschmachtet und zerstreut wie die Schafe, die keinen Hirten haben" (Lukas 9,36)

Jesus verachtet nicht die Menschen, ob jung oder alt, die noch fern von ihm sind. Er weint um sie. Sie tun ihm leid. Er verströmt seine Liebe und lädt sie auf diese Weise ein, von ihrem falschen Weg umzukehren. Er möchte auch *ihr* Erlöser und Herr sein. Das Heil und das ewige Leben stehen auch für *sie* bereit. Jesus Christus spricht: „Die Gesunden bedürfen des Arztes nicht, sondern die Kranken. Ich bin gekommen, die Sünder zur Buße zu rufen und nicht die Gerechten“ (Lk 5,31 f.).

Weinen auch wir über die Verlorenen, die noch fern von Jesus sind? Gehen wir auf sie zu? Sagen wir ihnen, dass es ein erfülltes Leben gibt? Ein Leben fern von Drogen und allen Formen der Unreinheit und Sucht, ein Leben in „Liebe, Freude, Friede, Geduld, Freundlichkeit, Güte, Treue, Sanftmut, Keuschheit“ (Gal 5,22 f.). Leben wir es ihnen vor?

So lasst uns fantasievoll sein um der Verlorenen willen – aus Liebe. Wir haben ihnen die bessere Alternative zu bieten:

- ein Leben der *Erfüllung* in Jesus Christus - anstatt in Frustration, Aggression und Sucht;

- gute, schöpfungsgemäße *Musik*, die den Herrn mit geistlichen Liedern lobt - anstatt zerstörerische, aufpeitschende und den Verstand manipulierende Rhythmen der Perversion und Unreinheit;

- wirkliche, tiefgehende *Liebe* in der Ehe, die sich dem anderen ganz und ausschließlich schenkt - anstelle von sexueller Unmoral und Perversion, die Geist, Seele und Leib zerstört (z.B. durch Geschlechtskrankheiten und Aids);

- den wirklichen *Lebenssinn*, indem man weiß, wo man herkommt, wo man hingeht und wem man dient (nämlich Gott) – anstelle eines sinn- und ziellosen Daseins und Dahinvegetierens von Tag zu Tag;

- ein Leben in *Gemeinschaft* mit Gott und Glaubensgeschwistern in gegenseitiger Liebe und Hilfe – anstelle eines isolierten oder bandenähnlichen Daseins am Rande der Aggressivität und Kriminalität.

Jesus weint, denn sie sind wie Schafe die keinen Hirten haben. Und wir alle waren einmal so. Aber der Herr hat uns, die wir als Christen noch inmitten der Welt leben, herausgeliebt aus der Welt, damit wir ihm und einander in Liebe dienen. lasst uns auch diejenigen zum Herrn und Heiland Jesus Christus „hinlieben", die noch fern von ihm sind. Jesus ist Sieger.

Ihr Lothar Gassmann

Das Handy und seine Gefahren

Eine Warnung aus Liebe

Das Handy (Mobiltelefon; engl. mobile phone) ist ein einzigartiges Gerät zur Kommunikation und Unterhaltung. Man kann damit nicht nur telefonieren, sondern inzwischen auch im Internet surfen, SMS senden, Musik hören, fotografieren, navigieren und manches mehr. Viele Menschen, besonders Jugendliche, sind davon begeistert.

Wie bei vielen technischen Errungenschaften sind mit dem Handy-Gebrauch aber nicht nur Chancen, sondern auch Gefahren verbunden, die nicht zu unterschätzen sind:

Die Strahlenbelastung: Jedes Handy bringt eine Strahlenbelastung für den Körper mit sich. Es wird in der Forschung zur Zeit noch darüber diskutiert, wie weit dies Auswirkungen auf die Gesundheit hat. Mögliche Folgen sind: erhöhtes Krebsrisiko (vor allem Gehirntumore), Unfruchtbarkeit, Erbschäden und anderes. Die Weltgesundheitsorganisation stuft Handy-strahlung als "möglicherweise krebserregend" ein. Das Bundesamt für Strahlenschutz empfiehlt, sich "so selten wie möglich elektromagnetischen Feldern auszusetzen". Das bedeutet: Handys so viel wie möglich ausgeschaltet lassen und nur kurze Telefonate führen! Jugendliche und Kinder reagieren auf Strahlung besonders empfindlich und werden davon am meisten geschädigt.

Die Überwachbarkeit: Infolge GPS (Navigation) im Handy ist der Benutzer ständig ortbar, das heißt: Über Satellit lässt sich herausfinden, wo er sich befindet. Je mehr Daten der Benutzer zudem über Handy eingibt, desto "gläserner" wird er für Interessengruppen und den Staat.

Die Suchtgefahr: Wie Fernsehen und Internet, so kann auch das Handy als überall verfügbares Medium süchtig machen. In der Tat sieht man heute viele Menschen, die offenbar ständig ihr Handy in Gebrauch haben und es kaum mehr abschalten können.

Auf der Seite *soulsaver.de* ist über das Thema "SMS-Sucht" durch Handys Folgendes zu lesen:

Kurzmitteilungen (SMS) an Freunde zu schicken, ist eine bequeme Sache. Man kann kurz und knapp eine Botschaft verschicken, ohne große Worte zu machen. Neuerdings gibt es Untersuchungen über das Suchtpotential von SMS. Ein Psychotherapeut machte vor kurzem auf die Gefahren aufmerksam. Er kam auf eine Zahl von 380.000 SMS-Süchtigen allein in Deutschland – Tendenz steigend.

Einer der Patienten des Psychotherapeuten, ein 17-Jähriger, bekam nach zweimonatigem "Simsen" eine Rechnung von 6000 Euro nach Hause geschickt. Ein anderer Extremfall war ein Ehepaar, beide um die 30 Jahre alt, die im Wohnzimmer Rücken an Rücken sitzen, kein Wort mehr miteinander reden, sich aber ständig „simsen". Es gibt auch Leute, die sinnlos SMS an wildfremde Leute verschicken mit Texten wie: „Ich bin`s, dein Handy, hol mich mal wieder aus der Tasche!"

Betroffenen wird in der Therapie erst einmal das Handy weggenommen, dann wird über die Probleme geredet. Ursachen sind Einsamkeit und Lustlosigkeit am realen Leben ...

Interessant, dass im Zeitalter der modernen Kommunikationsmittel wirkliche Kommunikation immer schwieriger wird. Die Leute verbringen immer mehr Zeit vor ihrem Computer oder am Handy und haben dabei immer weniger Zeit für ihre Freunde und Familie.

Aus christlicher Sicht ergibt sich eine Reihe weiterer Gefahren, die die Bibel mit dem Begriff "Sünde" bezeichnet. Sünde ist Rebellion gegen Gott und Beherrschtsein von der Macht des Bösen. Der Handygebrauch wird – wie der Gebrauch elektronischer Medien überhaupt –

dann zur **Sünde** und trennt von Gott, wenn der Benutzer (oder die Benutzerin)

- sündige Dinge betrachtet (Unzucht, Okkultismus, Gewalt usw.).

- seine Zeit mit dem Handy sinnlos totschlägt, die er ansonsten sinnvoll zum Beispiel zum Lernen, zum Arbeiten und zum Dienst an Menschen in seiner Umgebung einsetzen könnte und sollte.

- abhängig von der Berieselung durch das Handy (und ähnliche Medien) wird, also nicht mehr die Kraft hat, auf sie zu verzichten oder sie rechtzeitig abzuschalten.

- das Handy über Gott und Gottesdienst stellt – dann wird das Handy zum Götzen.

Solches zeigt sich ganz praktisch dann, wenn Menschen immerzu ihr Handy in Betrieb haben - sogar da, wo es verboten oder unerwünscht ist (z.B. beim Autofahren, während des Unterrichts oder im Gottesdienst), weil sie meinen, nicht auf "online-sein" verzichten zu können. Wenn das Handy so bereits zum Götzen geworden ist, hat der Betreffende oft nicht mehr die Kraft oder Bereitschaft, es während des Gottesdienstes, der Bibelstunde, der Gebetsstunde oder der

Jugendstunde auszuschalten. Online zu sein, ist ihm dann wichtiger als Gottes Wort.

Ein solches Verhalten ist jedoch aus *dem* Grund keine Bagatelle, sondern eine schwere Sünde, weil derjenige, der solches tut, Gott und Sein Wort durch Nichtbeachtung und Respektlosigkeit mit Füßen tritt. Verantwortliche in den christlichen Gemeinden können und dürfen zu einem solchen Verhalten nicht schweigen, gerade um des Seelenheils der Betroffenen willen.

Abschließend einige Hilfen, wie Menschen **von der Handy-Abhängigkeit frei** werden können:

- Bitte Gott im Gebet um Kraft, dir zu helfen und dich von der Sucht zu befreien.

- Lies treu die Bibel (als reales Buch und nicht auf dem Handy!) und bitte Gott um Stärkung durch Sein Wort.

- Lerne einen normalen, zweckmäßigen Umgang mit dem Handy. Es ist ein Gebrauchsgegenstand und kein Spielzeug. Gebrauche es so, wie es ursprünglich gedacht war: nur für wirklich notwendige Anrufe und Mitteilungen.

- Lasse es ausgeschaltet, wenn du nicht unbedingt erreichbar sein musst. Lerne es, die Stille auszuhalten – ohne Ablenkung, Dauerberieselung u.ä. Nutze die Stille zur Gemeinschaft mit Gott.

- Mache viele Spaziergänge in der Schöpfung - ohne Handy.

- Suche mehr Begegnungen mit (realen) Menschen in deiner Umgebung (nicht so sehr mit weit Entfernten in der virtuellen Welt).

- Fasse den festen Entschluss, während des Unterrichts, während der Arbeit (so weit beruflich möglich) und vor allem während des Gottesdienstes dein Handy konsequent ausgeschaltet zu lassen.

- Bist du bereits Handy-süchtig, dann verzichte ganz auf das Handy und verwende für Gespräche nur ein normales Telefon (ohne die Handy-Funktionen).

- Sei dankbar für die Liebe von Jesus Christus, der dich so sehr liebt, dass Er Sein Leben für dich in den Tod gegeben hat, um dich von Sünde, Tod und Teufel und allen Süchten zu erlösen. Er hat so viel für dich getan – und was tust du für Ihn?

Soulsaver.de schreibt zutreffend:

Gott ist 24 Stunden am Tag, sieben Tage in der Woche erreichbar, Er ist nur ein Gebet weit von dir entfernt. Wenn die Beziehung zu Gott stimmt, tut man sich auch mit den Menschen leichter. Gott verspricht folgendes: „Ihr werdet Mich anrufen und hingehen und zu Mir flehen, und Ich will euch erhören" (Jeremia 29,12). Wer Jesus mit aufrichtigem Herzen sucht, wird Ihn finden!

Glücklich ohne Fernseher

Warum ich auf TV verzichte

„Warum hast du keinen Fernseher?“ So fragen mich immer wieder Freunde und Bekannte mit einer gewissen Verwunderung. „Man muss doch informiert sein. Und ein bisschen Unterhaltung würzt das Leben.“

Das ist sicherlich richtig. Und trotzdem habe ich mich entschlossen, freiwillig auf den Fernseher zu verzichten, und zwar aus persönlicher Erfahrung und christlicher Motivation heraus. Ich möchte damit keinesfalls ein Gesetz aufstellen, das für jeden gültig wäre. Nein, ich möchte einfach die Gründe nennen, die mich persönlich bewogen haben, diesen Schritt zu tun. Und vielleicht kann mancher seine eigenen Bedenken hierin wiederentdecken.

Im Wesentlichen sind es zwei Gründe: *Zum ersten habe ich immer wieder schmerzlich empfunden, wie viel Zeit mir durch den Fernseher für andere Dinge verloren geht.* Schaue ich einen Spielfilm an, so sind ein oder zwei Stunden weg. Und meistens bleibt es nicht bei *einem* Film. Als Kind war ich so fernsehsüchtig und saß so viele Stunden vor der Mattscheibe, dass meine Augen bereits Schaden litten und mir der Arzt ein zeitweiliges totales Fernsehverbot auferlegen musste. Wie viel Zeit für eigenschöpferische, produktive Tätigkeiten ging durch das stundenlange Fernsehen verloren! Zudem merkte ich, wie unser Familienleben darunter litt. Der Satz, den ich damals von meinen Eltern (ebenfalls TV-süchtig) am häufigsten zu hören bekam, lautete: „Sei ruhig, wir wollen den Film zu Ende sehen!“

Nachdem ich Jesus Christus als lebendigen Herrn und Erlöser angenommen und eine Wiedergeburt durch seinen Geist erlebt hatte, wurde mir das Kapitel 5 des Epheserbriefs immer wichtiger, das vom Leben der Kinder des Lichts handelt. Darin steht z.B. folgender Aufruf: „So seht nun sorgfältig darauf, wie ihr euer Leben führt, nicht als Unweise, sondern als Weise, und kauft die Zeit aus; denn es ist böse Zeit“ (Epheser 5,15f.). *„Kauft die Zeit aus!“* „Nutzt die Zeit, die Gott euch geschenkt hat, für ihn und den Dienst in seiner Gemeinde!“

Konnte ich es mir angesichts dieser Dringlichkeit des Dienstes für Jesus Christus noch länger leisten, meine Zeit sinnlos vor dem Bildschirm totzuschlagen? Nein, sondern der HERR rief mich in seine Nachfolge, um seine Liebe weiter zu tragen in eine finstere Welt hinein. Für diesen Dienst ist mir jede Stunde so kostbar, dass ich sie nicht sinnlos verschleudern möchte. Und bei diesem Wirken für den HERRN empfange ich so viel Freude, dass sie alle oberflächlichen und schalen Unterhaltungen bei weitem übertrifft.

Der zweite Grund, warum ich keinen Fernseher habe, ist schwerwiegender. Ich möchte ihn mit Hilfe zweier Bibelzitate erklären. Jesus spricht in der Bergpredigt über den Zusammenhang zwischen dem Auge und der inneren Reinheit des Menschen: „Das Auge ist das Licht des Leibes. Wenn dein Auge rein ist, so wird dein ganzer Leib licht sein. Wenn aber dein Auge böse ist, so wird dein ganzer Leib finster sein. Wenn nun das Licht, das in dir ist, Finsternis ist, wie groß wird dann die Finsternis sein" (Mt 6,22f.). „Wenn dich dein rechtes Auge zum Abfall (von Gott) verführt, so reiß es aus und wirf es von dir. Es ist besser für dich, dass eins deiner Glieder verderbe und nicht der ganze Leib in die Hölle geworfen werde" (Mt. 5,29).

Es besteht also ein Zusammenhang zwischen demjenigen, was ich über das Auge aufnehme, und meinem geistlichen Zustand. Das Auge ist das entscheidende Einfallstor von Licht und Finsternis im wörtlichen und übertragenen Sinn.

Für das, was ich mir anschaue, trage ich eine Verantwortung. Wenn mich mein Auge bzw. das, was ich mit ihm konsumiere, von Gott wegzieht, so wäre es besser, das Auge auszureißen und blind, aber gerettet durch das Leben zu gehen. Jesus gebraucht immer wieder solche drastischen Beispiele, die man freilich nicht wörtlich, sondern in ihrer Zielrichtung verstehen sollte, welche im Bildwort deutlich wird. Jesus meint, man soll solche Bilder und Eindrücke meiden, die uns von Gott wegziehen.

Was nun das Fernsehen angeht, so möchte ich behaupten: *Es ist heutzutage kaum möglich, den negativen Einflüssen zu entgehen, wenn man das Gerät erst einmal in der Wohnung hat.* Vielleicht kennt mancher die Geschichte: Ein frommer Mann bekam von Freunden ein Fernsehgerät geschenkt. Als er die Verpackung öffnete, stand mit großen Buchstaben darauf geschrieben: *„Die Welt ins Haus."* „Nein danke", sagte sich der Mann, packte das Fernsehgerät wieder ein und schickte es an den Absender zurück. „Die Welt will ich nicht im Haus haben. Ich will ein Diener Jesu Christi sein."

Gewiss kenne ich das Argument, dass jeder Fernseher einen Knopf zum Ausschalten habe und dass man ja die Sendungen streng auswählen könne. Aber ich frage mich, ob es wirklich jemanden gibt, der immer diese Disziplin besitzt. Der Fernseher besitzt eben leider nicht nur einen Knopf zum Ausschalten, sondern auch eine Tastatur zum Umschalten in eine wachsende Zahl von Programmen - und wie schnell hat sich der Betrachter hier in eine gewalttätige, okkulte oder unzüchtige Sendung verirrt. Gottes Wort lehnt solche Dinge klar ab. Aber gerade über das Fernsehen werden solche Sünden und Gräuel Tag für Tag in die privaten Räume und die Seelen der Menschen geschickt.

Ein Freund sagte mir, dass es die heutige Jugend schwer habe, in das Himmelreich zu kommen, weil eine immer größere Flut von Verführungen auf sie einströmt. Ob es die DVD-Handlung an der Ecke oder der Spätfilm im Fernsehen ist - der Schaden im Blick auf die Ewigkeit ist katastrophal. Und keiner möge sagen, er sei hier nicht versuchbar. Ich war einmal bei einem älteren Ehepaar zu Gast. Der Mann hatte früher viele Menschen zu Jesus geführt. Nun aber spürte ich eine seltsame Spannung und einen Unfrieden im Haus. Geistlich war kaum noch etwas da. Als ich spät in der Nacht aufstand, weil ich Geräusche gehört hatte, merkte ich, womit diese Veränderung zusammenhing: Durch die Scheibe der Wohnzimmertür flimmerte immer noch das Blau des Fernsehapparats, der sein verführerisches Gift in die Seelen der alten Menschen hineinträufelte.

Ich habe in dem Moment beschlossen, keinen Fernseher zu besitzen, als ich merkte, dass die Gesamttendenz der Programme immer gottfeindlicher wird. Zwar gibt es auch heute noch manche guten und wertvollen Sendungen. Ich begrüße auch die Bemühungen vieler Christen um „mehr Evangelium in den Medien". Zugleich aber sehe ich mit Trauer, dass diese mit ihren Anliegen kaum durchdringen. Den Charakter der Programme prägen mehr und mehr die Sendungen, die gegen Gottes Willen und Gebote stehen.

Nach meiner Beobachtung gibt es zwei Phasen, in denen sich die Produktionen deutlich weiter von Gott entfernten. Die *erste Phase* begann Ende der sechziger Jahre des 20. Jahrhunderts im Zusammenhang mit der *Studentenrevolution*. Hier wurden die (scheinbare) „große Freiheit", der Anarchismus und die sexuelle Revolution propagiert, die sich auch auf die TV-Programme auswirkten. Man kann deutlich feststellen, wie die meisten Filme etwa seit 1967 „freizügiger" wurden. Die *zweite Phase* setzte Ende der achtziger Jahre des 20. Jahrhunderts mit dem

Aufkommen der *Privatsender* ein. Während sich die staatlichen Programme bis dahin noch halbwegs bemüht hatten, den „bürgerlichen Geschmack“ nicht allzu sehr zu verletzen und ein gewisses Niveau der Sendungen zu wahren, kam mit den Privatprogrammen der völlige Tiefschlag gegen alles, was heilig und christlich ist. Ich möchte es dem Leser und mir ersparen, Beispiele hierfür zu nennen. Der Blick in eine Programmzeitschrift eines beliebigen Tages und der Vergleich vieler Sendungen mit Gottes Wort möge zur Beweisführung genügen.

Ich habe die Konsequenz daraus gezogen, einen Fernseher überhaupt nicht in meiner Wohnung zu haben, um nicht in Versuchung zu geraten. *Meine Phantasie, die mir Gott geschenkt hat, ist zu kostbar, um Tag für Tag der Verführungsgewalt des Bildes ausgesetzt zu werden.* Viele Christen leben in einer Schizophrenie: hier Bibellese mit Gebet um Vergebung, dort neue Berieselung mit Schmutz und Schund. Wie lange noch soll dieser traurige Zustand dauern? Kann man hoffen, der Sünde zu entfliehen, wenn man „das Auge nicht ausreißt“, das einen dazu verleitet - und das heißt: wenn man die Ursache nicht beseitigt, die einen verführt. Für jeden Menschen mag das etwas anderes sein. Für sehr viele Menschen allerdings ist es heutzutage das Fernsehen, das man nicht mehr beherrschen kann, sondern das seinerseits Leben, Zeit, Denken und Fühlen diktiert und leider allzu oft den Weg zum Himmel verschließt.

Ich persönlich kann bezeugen, dass mir durch den Verzicht auf das Fernsehen überhaupt nichts fehlt. Gott hat mir vielfältige Aufgaben gegeben und produktive Möglichkeiten gezeigt, um die Freizeit erholsam zu füllen. Und manche Anfechtung, mancher innere Kampf bleibt mir erspart, den ich früher durch das Fernsehen erleiden musste. Ich wünsche jedem die Freude, die allein Jesus Christus schenken kann, der Sünden vergibt und das Leben mit seiner Liebe erfüllt.

„Ihr wart früher Finsternis; nun aber seid ihr Licht in dem HERRN. Lebt als Kinder des Lichts; die Frucht des Lichts ist lauter Güte und Gerechtigkeit und Wahrheit. Prüft, was dem HERRN wohlgefällig ist, und habt nicht Gemeinschaft mit den unfruchtbaren Werken der Finsternis; deckt sie vielmehr auf... Ermuntert einander mit Psalmen und Lobgesängen und geistlichen Liedern, singt und spielt dem HERRN in eurem Herzen und sagt Gott, dem Vater, allezeit für alles Dank, im Namen unseres Herrn Jesus Christus" (Epheser 5, 8-11.19f.)

Anhang: Beispiele und Belege

Was kommt heute auf unsere Kinder und Jugendlichen zu? Welchen Einflüssen sind sie ausgesetzt? Wie erklärt es sich, wenn sie - scheinbar von heute auf morgen - plötzlich ganz andere Wege gehen, als wir es uns wünschen würden? Gibt es heute eine systematische Verführung unserer Kinder durch die Medienwelt hin zu Ungehorsam, Gewalt, Unzucht und Okkultismus?

Im Folgenden können nur einige wenige Beispiele und Zitate aus den Medien und der Literatur wiedergegeben werden, verbunden mit neueren Forschungsergebnissen und einer Wertung aus christlicher Sicht. Es ist mein Wunsch, dass uns diese Zusammenstellung zur Orientierung als Eltern hilft, unsere Kinder und Jugendlichen zu verstehen und ihnen zu einem glücklichen Leben zu helfen.

Als Quellen dienten mir insbesondere folgende Veröffentlichungen (in Klammern die Zitier-Nummer; alle Zitate nachfolgend im Kleindruck):

- Katrin Ledermann/Ulrich Skambraks: Der Griff nach unseren Kindern. Einblicke in ein (un)heimliches Erziehungsprogramm, Asslar 1988ff. (1)

- Matthias von Gersdorff, Medienkinder. Das Einsinken des Menschen in der Masse, Frankfurt/M., 2. Aufl. 2003 (2)

- Zeitschrift Gamestar, Nr. 4/2003 (Computerspiel-Zeitschrift) (3)

- Reinhard Franzke, New-Age-Pädagogik. Wege und Irrwege der modernen Pädagogik, Hannover 2003 (4)

- Richard Abanes, Harry Potter - Fantasy oder Magie, Paderborn 2001 (5)

- Lothar Gassmann, Esoterik als Lebenshilfe? Die Wahrheit über Astrologie, Spiritismus, Magie und Zauberei, Wuppertal 2001 (6)

- Diverse Artikel in Zeitschriften und Zeitungen (7)

1. Der Griff nach den Kleinen

Hierzu einige Beispiele:

Die Monster AG

Mit zum Teil knuddelig, zum Teil furchteinflössenden Monstern wird mit dem Disney-Trickfilm "Monster AG" schon bei den Kleinsten Kasse gemacht. Hier der Inhalt (7):

Sobald es dunkel wird in der Menschenwelt, steht in Monstropolis pro Tür ein Monster in den Startlöchern, um in die Kinderzimmer hineinzustürmen und die Kleinen zu erschrecken. Ein Monster-O-Meter misst die Höhe der Schreie, denn Angstschreie sind die Energiequelle der Stadt. In ihr finden sich Kreaturen unterschiedlicher Ekelstufe, z.B. mit einem oder zahlreichen Augen, aussehend wie Drachen, Schlangen, glitschige Reptilien u.ä., Kreaturen, die direkt der Hölle entstiegen sein könnten.

Hier sollen bereits die Kleinsten an das Unheimliche, Grauenerregende gewöhnt werden.

Lady Lockenlicht

Etwas sanfter geht es bei bereits klassischen Figuren wie den "Glücksbärchis", "Regina Regenbogen" oder "Lady Lockenlicht" zu, doch handelt es sich auch hierbei um eine Heranführung an die Welt des Okkultismus. Hier die Handlung von Lady Lockenlicht (1):

Die schöne Prinzessin Lady Lockenlicht wohnt gemeinsam mit ihren Freunden Prinzessin Goldlöckchen, Prinzessin Seidenwelle und Prinz Herzeloh in einem märchenhaften Königreich. Wie auf dem Planeten Eternia, so leben ebenso im Königreich Lockenlicht alle friedlich zusammen. Dazu gehören auch die kleinen magischen Waldtierchen mit ihren seidig glänzenden Löckchen. In dieser märchenhaften Welt spielen überhaupt die Haare eine zentrale Rolle. Alle Puppen haben langes und volles Haar, das stets aufs neue frisiert werden will. Doch den guten, blonden Lockenlichtern steht die schwarzhaarige, eifersüchtige Gräfin Rabenstolz entgegen. Bei dieser typischen Auseinandersetzung "Gut gegen Böse" spielen die magischen Waldtierchen mit ihren glänzenden Löckchen eine herausragende Rolle: "Zu jeder Puppe gehören drei Glückssträhnchen. Das ist wichtig, denn die magischen Glücksbringer haben für das Königreich Lockenlicht eine besondere Bewandtnis: Sie helfen Lady Lockenlicht und ihren Freunden immer wieder aufs neue, die schöne, aber eifersüchtige Gräfin

Rabenstolz und ihre frechen Kämmbolde zu überlisten." Überall tauchen in diesem amerikanischen Spielzeug-System diese Glückssträhnchen auf - sie zieren sogar die Zinnen des Schlosses Lockenlicht! Doch damit nicht genug. Die kleinen magischen Glücksbringer, die jeder Packung in ausreichender Anzahl beiliegen, lassen sich sowohl in Puppen- als auch Kinderhaar befestigen. Informationstext im Mattel-Verkaufskatalog 1988 für die Spielzeughändler: "Denn die magischen Glücksbringer lassen sich beliebig im Puppen- und Kinderhaar befestigen und zaubern eine innige Beziehung zwischen Puppe und Kind!"

Hier wird also Magie nicht nur dargestellt, sondern es soll auch unmittelbar eine Verbindung zwischen den Kindern und der magischen Welt hergestellt werden!

Bibi Blocksberg

Galt früher Hexerei als Böse, so wird sie nun als "gut" hingestellt bzw. es wird so getan, als sei zumindest die "weiße" Magie (im Unterschied zur "schwarzen") gut. So in der Partnerserie zu Benjamin Blümchen, den klugen Elefanten: Bibi Blockberg, die "sympathische kleine Hexe" (1).

Jedes Abenteuer beginnt mit demselben Titelsong, der folgenden Text beinhaltet: "Bibi Blocksberg, die kleine Hexe, kann so manches, wovon Ihr träumt, und sie wird Euch immer helfen, denn sie ist Euer bester Freund. Bibi Blocksberg, du kleine Hexe, komm und zeig uns, was du kannst. Wir mögen deine Streiche, wie du hext, wie du lachst, wie du tanzt. Komm zu uns, Bibi Blocksberg, sei unser Freund, wir sind gespannt, was du heute wieder machst." In der Folge 18 aus dem Jahre 1984 durfte sie zum ersten Mal mit der Mutter in der Walpurgisnacht zum grossen Hexentreffen "mitfliegen". Auf dieser von der Oberhexe Walpurgia geleiteten Zusammenkunft hält Mutter Blocksberg eine feurige Rede gegen das "alte" Hexenbild: "Ich bin eine ganz normale Frau und kann zufällig auch hexen, und ich setze meine Hexenkünste gerne zum Spass ein und nicht auf Kosten anderer, und wenn ich dabei auch noch Gutes tun kann, ist das eine sehr angenehme Nebenerscheinung. ... Ich bin gerne eine Hexe und gerne eine normale Frau, und in erster Linie bin ich - Barbara Blocksberg."

Harry Potter

Eine weitere Steigerung in der Verharmlosung vom Magie, Hexerei und Zauberei stellt Harry Potter dar. Harry Potter ist ein Zauberer, der wie seine ermordeten Eltern über magische Begabungen verfügt. Hier der Hintergrund der Geschichte in aller Kürze (5):

James und Lily Potter, Harry Eltern, sind vom mächtigsten aller Schwarzmagier, dem bösen Lord

Voldemort, ermordet worden. Dieser Herr der Schwarzen Kunst versuchte, auch Harry zu töten. Doch aus irgendeinem unbekannten Grund überlebte Harry. Seine einzige Wunde ist eine blitzförmige Narbe an der Stirn. Weil er die einzige Person ist, die je einen Angriff Voldemorts überlebt hat, ist Harry berühmt (zumindest unter Hexen und Zauberern). Voldemort ist jedoch von der Bildfläche verschwunden, durch seinen eigenen tödlichen Fluch schwer verletzt. Dieser sollte Harry treffen, fiel aber unerklärlicherweise auf ihn zurück. In seinem 10. Lebensjahr erhält Harry auf geheimnisvolle Weise eine Einladung, in Hogwarts, »der besten Schule für Hexerei und Zauberei auf der ganzen Welt«, Zauberlehrling zu werden.

In den einzelnen Folgen der Potter-Romane und -Filme werden nun die Erlebnisse Harrys an dieser Zauberschule und seine Kämpfe mit Voldemort beschrieben. Dabei gibt es zahlreiche grauenerregende Szenen, so dass man sich wundern muss, dass die Potter-Filme in Deutschland ab 6 Jahren freigegeben worden sind. Der Erziehungswissenschaftler Prof. Dr. Reinhard Franzke schreibt hierzu (in: 4 u. 6):

Die Welt des Harry Potter ist die Welt des Horrors, des Schreckens, des Grauens und der Angst. In dieser Welt gibt es u.a. folgende Erlebnisse und "Vergnügungen": Schnecken werden erbrochen. Froschgehirne werden verspritzt. Ekel erregender Gestank. Innereien mit Maden. Katzen, die am Schwanz aufgenagelt sind. Eingeweide, die aussen sind. Das Zerstampfen von Blutegeln. Augen gross wie Teller. Nasen gross wie Melonen. Hexen mit vielen Armen, die aus dem Kopf wachsen. Zaubertränke mit Schlamm, Rattenschwänzen, Haaren, Spinnen, getrocknete Kakerlaken usw .Die Welt des Harry Potter ist die Welt der Geisteskrankheit und des Wahnsinns. Die Erlebnisse des Harry Potter gleichen den Schilderungen von Psychiatriepatienten, die von Psychiatern als blosse "Halluzinationen" abgetan werden. Aus schamanischer (und biblischer) Sicht gibt es diese Welt der Horrorwesen tatsächlich. Schamanische Reisen in die Unterwelt sind fast immer Begegnungen mit Horrorwesen. Wie die Schamanen und viele Psychiatriepatienten hört Harry Potter Stimmen von unsichtbaren Wesen, die ihn ängstigen und nachdrücklich zum Töten auffordern. Genau dies hört man immer wieder von Amokläufern, Triebtätern und Geisteskranken.

In Band 4 "Der Feuerkelch" wird das Ritual des Blut- und Menschenopfers in einer so unheimlichen und grauenvollen Weise beschrieben, dass ich dies hier nicht wiedergeben möchte. Wer glaubt, dass Harry Potter nichts mit Satanismus zu tun hat, wird sich bei objektiver Prüfung hoffentlich eines Besseren belehren lassen. Das Blut- und Menschenopfer endet damit, dass Lord Voldemort, eine Art blutsaugender Vampir, in einem Zauberkessel aus Menschenblut und anderen "Zutaten" zu neuem Leben ersteht. Dass dies bei Kindern Unruhe, Alpträume und Angstzustände auslösen kann, wird z.B. deutlich, wenn wir die folgende Beschreibung dieses Vorgangs hören (5):

"Nachdem die Funken erloschen sind, quillt weisser Dampf in dicken Schwaden aus dem Innern des Kessels. Aus dem Rauch schält sich »der Umriss eines Mannes, gross und dürr wie ein Skelett... [Sein Gesicht war] weisser als ein Schädel, mit weiten, scharlachrot lodernden Augen und einer Nase, die so platt war wie die einer Schlange, mit Schlitzen als Nüstern.« Lord Voldemort ist also wieder erstanden - und zwar mächtiger als je zuvor, so wie es Harrys Wahrsagelehrerin, Madam Trelawney ... vorausgesagt hatte."

Stilleübungen und Fantasiereisen

Nach diesem Ausflug in die Welt des Films und der Literatur kommen wir nun zu einem viel näher liegenden Gebiet: zu Meditationsmitteln und -praktiken in Schulen und Kindergärten, etwa Mandalas, Stilleübungen und Fantasiereisen. Handelt es sich hierbei um harmlose Übungen - oder geschieht auch hier eine Kontaktaufnahme mit der Welt des Okkultismus? Bevor ich darauf antworte, betrachten wie zunächst, worum es eigentlich geht (4):

"Stilleübungen" und "Fantasiereisen" beginnen meist mit Variationen des folgenden "Settings":

Der Raum wird abgedunkelt, eine Kerze entzündet, meditative Musik eingespielt. Die Kinder sollen

- ...es sich bequem machen
- .. .die Augen schliessen
- ...den Atem "beobachten" / beruhigen / kontrollieren
- ...alle Gedanken und Sorgen loslassen ...den Körper (durch-) spüren ...die Muskeln an- und entspannen ...die Wahrnehmung auf einen Punkt oder Gegenstand konzentrieren / fixieren ...die Wahrnehmung aller Sinne intensivieren ...die "Stille hören" ...bei geschlossenen Augen sehen ...die Aufmerksamkeit von aussen nach innen lenken ...den Blick leicht nach oben bzw. auf das Dritte Auge, das innere, geistige, spirituelle Auge zwischen den Augenbrauen richten ...die "heilige" Silbe - "OM" - chanten oder denken ...suggestive Formeln sollen sie veranlassen, sich entspannt, gelöst, warm, wohlig, wohlig - warm, schwer, leicht, schwebend zu fühlen.

Immer werden die Kinder aufgefordert, innere Bilder oder Filmszenen zu entwickeln. Immer sollen sie sich irgendetwas vorstellen ("Stell Dir vor"), sie sollen visualisieren oder imaginieren. Visualisierungen und Imaginationen sind der Kern aller "Sülleübungen" und "Fantasiereisen".

Meist sollen sich die Kinder vorstellen woanders zu sein oder etwas anderes zu sein, als sie sind, beispielsweise eine Blume, ein Tier, eine Wolke. Die suggestiven Texte sprechen dabei in der Regel alle Sinne bzw. Sinneskanäle an. Dazu gehören die Augen, das Ohr, die Nase, die Haut.

In der "Fantasie" (Vorstellung) sollen die Kinder

• Farben sehen

• Töne, Geräusche, Stimmen hören

• schaukeln (wie im Boot, ein Kork auf den Wellen usw.)

Wozu geschieht das ganze? Nun, manche Lehrerinnen und Lehrer möchten einfach erreichen, dass Ruhe in der Klasse einkehrt. Sie gebrauchen diese Übungen einfach als Hilfe zum Stillwerden. An esoterische Zusammenhänge denken sie dabei nicht. Das Problem ist nur, dass solche Methoden eine Eigendynamik entwickeln können. Sie können der Kontrolle des Lehrers entgleiten. Bei sensiblen Kindern kann es geschehen, dass sie in die Traumwelt abgleiten und sich gar nicht oder sehr schwer aus dem Trancezustand zurückholen lassen. In den letzten Jahren wurden mehrere solcher Fälle bekannt. Der Erziehungswissenschaftler Franzke meint daher (4):

"Stilleübungen" und "Fantasiereisen" sollen zunächst das Bewusstsein der Kinder transformieren und "Türen" öffnen! Die Kinder sollen "transzendentale" oder "geistlich-religiöse Erfahrungen" machen, "tiefe Bewusstseinsebenen" erreichen, ihr Bewusstsein erweitern. Sie sollen Türen zu "inneren Welten" oder zum "Unterbewusstsein" öffnen ... Zu diesem Zweck sollen die Kinder "Stille üben", ihr Bewusstsein leermachen: Sie sollen nichts wahrnehmen, nichts hören, nichts sehen, nichts sagen oder flüstern. Sie sollen alles vergessen, alles loslassen, sie sollen "zur Mitte" kommen, das Bewusstsein auf einen Punkt konzentrieren (Kerzenflamme, Atemrhythmus, einzelne Körperteile), auf "heilige" Wörter wie z.B. die Silbe "OM", oder auf Farben, Töne, Klänge, einzelne Chakren (im Bauchbereich), das Dritte Auge oder "etwas Schönes". Entspannungs-, Wahrnehmungs-, Körper- und Atemübungen sollen tranceartige Bewusstseinszustände induzieren, unterstützt durch gedämpftes Licht, Kerzenschein, meditative Musik und verbale Suggestionen. Dies wird von einigen Autoren sogar offen zugegeben ... Fazit: Es besteht der Verdacht, dass Stilleübungen und Fantasiereisen in Wirklichkeit Techniken der Bewusstseinstrans-formation und Trance-Induktion sind, die tatsächlich Türen öffnen: Türen zu unsichtbaren Welten und Mächten • aber niemals zu inneren Welten, zum Unterbewusstsein oder zu tieferen Bewusstseinsebenen.

Mandalas

Mandalas sind Kreisbilder mit einem konzentrischen Aufbau. Sie sollen zur Konzentration beitragen. Zugleich aber sind sie aus verschiedenen Religionen als Meditationshilfen bekannt, um zur "Mitte" zu finden. Sie können gewissermaßen einen "Tunnel" bilden, um in eine andere, jenseitige Welt einzudringen. So heisst es z. B. in einem Buch über "Meditation für Kinder" (D. Rozman, Freiburg1996):

Jetzt setz dich aufrecht in Meditationshaltung hin und konzentriere dich mit Herz und Geist auf das Zentrum des Mandalas. Richte wirklich alle deine Aufmerksamkeit auf jenes Zentrum. Du fühlst dich als wurdest du da hereingezogen [...] Stell dir vor, dass du einen langen Tunnel entlang in das Zentrum hineinwanderst. Du gehst direkt in das Zentrum hinein, durch dieses Zentrum hindurch und kommst auf der anderen Seite in das reine Licht hinaus [...] (Rozman. S.166)

Franzke kommentiert hierzu (4):

Auf der "anderen Seite" sollen die Kinder immer (blitz-) schnell an einen anderen Ort reisen: Mit dem fliegenden Teppich, einem Zauberpferd, einer Zauberkugel, einem Hubschrauber, einem Luft- oder Raumschiff .... Diese Reisen führen entweder nach oben. auf einen Berg, ins Universum, zu anderen Planeten, oder nach unten, z. B. auf den Meeresgrund oder in das Innere der Erde. Stets sollen die Kinder exakt den gleichen Weg zurückzukehren, den sie gekommen sind ... Meist heisst es bei der Rückkehr, die Kinder sollen hierher, in den Raum, in die Gruppe zurückkommen. Lediglich die Amerikanerin Rozman hat den Mut zu sagen, dass die Kinder "in ihren Körper" zurückkehren sollen.

Das heisst im Klartext: Beim meditativen Ausmalen eines Mandalas kann es - wie bei jeder esoterischen Übung - zur "Exkursion der Seele" (Austritt der Seele aus dem Körper) kommen, verbunden mit einer Kontaktaufnahme zu unsichtbaren, übersinnlichen Welten. Das muss zwar nicht in jedem Fall und bei jedem Schüler geschehen, aber wiederum sind sensible, sensitive Kinder hier besonders gefährdet.

Franzke gibt folgende **Ratschläge an die Eltern** (4):

Sprechen Sie mit Ihren Kindern, schützen Sie Ihre Kinder vor okkulten Praktiken und gesundheitlichen Schäden. Lassen Sie sich nicht erzählen, Ihre Kinder müssten wahrnehmen oder atmen lernen. Verspannungen oder Blockaden auflösen. Therapien von Körper, Geist und Seele gehören nicht in die Schule. Lassen Sie Ihr Kind nicht in Trance oder Hypnose versetzen. Halten Sie Ihr Kind fern von Stille-, Entspannungs-, Körper-, Atem-, Wahrnehmungs- und Massageübungen. Sagen Sie Ihrem Kind, es soll den Klassenraum verlassen, wenn es heisst:

Mache es dir bequem

Schliesse die Augen

Achte auf deinen Atem

Vergiss alle Sorgen

Lass alles los

Du bist ganz entspannt, ganz gelöst

Lass innere Bilder kommen

Konzentriere dich auf einen Punkt

Male ein Mandala (aus)

Starre in eine Kerzenflamme

Sprich zur Kerze, wünsch dir was

Stell dir vor:

Woanders zu sein als du bist oder etwas anderes zu sein

Balanciere auf Linien

Lerne mit geschlossenen Augen wahrnehmen

Male Achten in die Luft

Nehme eine Yoga - Haltung ein

Massiert euch gegenseitig

Warum soll dies vermieden werden? Welche Auswirkungen können solche Praktiken haben? Hierzu Franzke (4):

Es ist zu vermuten, dass Tausende von Kindern aufgrund von "Stilleübungen" und "Fantasiereisen" schwere körperliche (z. B. Tinnitus) und seelische Schäden (Ängste, Alpträume, Verwirrtheit, Unruhe,

Unfrieden, Selbstmordgedanken) davon getragen haben. Schlimmer noch ist die Einsicht, dass okkulte Schäden und Belastungen weder durch Ärzte, noch durch Psychotherapien oder andere okkulte Praktiken (wie z. B. Tai Chi, Qi Gong, Autogenes Training, Meditation, Yoga) behoben werden können. Okkulte Schäden und Belastungen können einzig und allein durch kompetente, mit dem Heiligen Geist erfüllte Seelsorger behoben werden, die es in Deutschland allerdings kaum gibt. Vorbeugung ist also besser als Heilung: Auch deshalb müssen unsere Schulen und Kindergärten okkultfreie Zonen sein und bleiben.

2. Der Griff nach den Größeren

Die Einflüsse auf die Größeren, die Jugendlichen, sind massiver und härter. Im Folgenden wiederum einige Beispiele

Ghostbusters

Ghostbusters sind "Geisterjäger". In diesen Comics und Filmen werden Geister zwar als negativ, aber letztendlich harmlos dargestellt. Mit dem "Okkulten" wird gespielt. Hier die Handlung (1):

In New York möchte der schwarze Engel seine Tempel für die Weltherrschaft errichten. Seine Dämonentruppe schlägt vorzugsweise in Privatwohnungen zu, zum Beispiel im Kühlschrank. In einem TV-Werbespot verspricht daraufhin ein Trio von Parapsychologen, jede Wohnung garantiert spuk- und gespensterfrei zu machen. Mit einem Gespensterlexikon, schnoddrigen Sprüchen und einer Art Dämonenstaubsauger rücken sie den Ausserirdischen zu Leibe, bis sie dem Gott der Finsternis selbst gegenüberstehen. Aber auch diesen putzen sie weg - dank patriotischen Mutes und ultramoderner Laserkanonen!

Starwars

Diese Weltraum-Saga bewegt sich auf höherem Niveau, doch ist sie auch wesentlich verführerischer. Denn hier steht die "Kraft" im Mittelpunkt, die angeblich zum Sieg des Guten eingesetzt wird und doch aus der Welt des New Age und des Okkulten stammt. Die Handlung (1):

Luke Skywalker möchte gerne ein Jedi-Ritter werden mit allen guten Eigenschaften, die ein Jedi-Ritter haben sollte ... Er stösst allerdings sehr schnell an eine höchst menschliche Grenze, nämlich die, dass niemand alles kann, was er können möchte ... Ein Zwerg spielt in dem modernen Weltraummärchen eine zentrale Rolle. Er heisst Yoda und besitzt parapsychologische Kenntnisse und magische Fähigkeiten. Er benutzt dieses geheime Wissen, um mit der sogenannten "Macht" in Verbindung zu treten, die eine böse und eine gute Seite hat. Im Starwars-Märchen wird diese Macht als ein Energiefeld beschrieben, das von allen lebenden Wesen geschaffen wird und das gesamte Universum zusammenhält. Nach dem Tode verlässt die Seele den Körper und bildet ein mächtiges Energiefeld am Himmel. Die Jedi-Ritter sind darauf getrimmt, diese Energie anzuzapfen. Wer das vollkommen beherrscht, darf sich "wahrer Jedi-Ritter" nennen und ist Ritter und Zauberer zugleich. Dieses Geheimnis erfährt der junge, unfertige Jedi-Ritter Luke Skywalker vom zwergenhaften Jedi-Meister Yoda, der ihn auch in der

Technik unterweist, diese Macht aufzuspüren. Yoda zu dem jungen Jedi-Ritter: "Die Kraft fliesst einem Jedi von der Macht zu. Furcht, Aggressivität ist die dunkle Seite der Macht. Die dunkle Seite wird Dich verzehren, sie ist verführerisch, sehr verführerisch. Erkenne die gute Seite: Ruhe, Frieden, passiv. Von allen Fragen befreie Deinen Geist. ... Die Macht ist mein Verbündeter und ist ein mächtiger Verbündeter. Du aber erschaffst sie, bringst sie zur Entfaltung. Ihre Energie umgibt uns, verbindet uns mit allem. Erleuchtete Wesen sind wir; Du musst sie fühlen, die Macht in Dir." "Alles, was du brauchst, hast Du, es ist das Göttliche in Dir."

Computerspiele

Hier findet sich seit einigen Jahren ein stark expandierender Markt mit verblüffender Computersimulation. Sehr verbreitet sind Egoshooter, d.h. "Spiele", bei denen der Spieler per Maus und Tastatur Gewehre oder andere Waffen bedient und damit seine Gegner beseitigt. Auch hier sind besonders Kinder und Jugendliche gefährdet, die zwischen Phantasie und Realität nicht trennen können oder sich damit Aggressionen geradezu antrainieren. Im Folgenden einige Beispiele und Zitate aus einer beliebigen Computerspiel-Zeitschrift (Gamestar 4/2003):

Sacred

Bei diesem Spiel hat der Spieler "sechs Helden" zur Auswahl, derer er sich bedienen kann (3):

1. Gladiator: Der Haudrauf im Helden-Angebot. Beherrscht alle Waffen ... Kann Gegner wegschleudern, zurückstoßen oder attackiert mit einer extrem wirkungsvollen Bewegung namens ´Hand Gottes` mehrere Gegner gleichzeitig.

2. Wald-Elfin: Bekämpft Gegner per Pfeil und Bogen aus der Ferne ...

3. Magier: ... verfügt über spektakuläre magische Fähigkeiten. Er schleudert Feuerbälle, sprüht Säuren oder öffnet Erdspalten unter Angreifern.

4. Seraphim: ... kann sowohl zaubern als auch kämpfen.

5. Dunkelelf: Kämpft gewandt mit kleinen, aber mächtigen Waffen ... beherrscht einige magische Sprüche.

6. Vampirin: Zwei Seelen wohnen in ihrer Brust: Tagsüber kämpft die Blutsauger-Dame als ritterliche Reckin mit Schwert und Bogen, muss aber auf Zauber-Kunststücke verzichten. Nachts verwandelt sie sich in eine starke, schnelle Fledermaus-Kreatur. Per Klauen- und Bissattacke tötet sie und verwandelt Widersacher in willfährige Diener.

Und wie sieht die Handlung aus? (3)

"Die Story dreht sich um einen garstigen Super-Dämonen, den ein Magier beschworen hat. Dummerweise verlor der die Kontrolle über seine Schöpfung, die jetzt Amok läuft - und wir müssen die Bestie zurück in die Hölle befördern ... In Kategorien wie Stärke, Beweglichkeit oder Zauberkraft verteilen Sie nach Levelaufstiegen die neuen Fertigkeitenpunkte. Je nach Spielfigur stehen dadurch andere Sprüche und Kampftechniken zur Verfügung. Nur die Wald-Elfin beschwört etwa wilde Tiere, während ausschliesslich der Gladiator über einen Ellenbogenschlag verfügt, der alle Gegner hinter ihm zurückwirft ... Ein Hingucker sind jetzt schon einige der Gegner. Abgesehen von normal grossen Zombies oder Skelettkriegern, wilden Bären oder Räubern kriegen wir es auch mit einigen riesigen Drachen zu tun, die Feuer spuckend über uns herfallen. Ausserdem gibt's vor allem in grösseren Siedlungen zahlreiche Nebenfiguren. Die erteilen Aufträge oder verkaufen Ausrüstung. Beim Schmied lassen Sie Ihre Waffen mit magischen Eigenschaften aufrüsten - das kann man im Spielverlauf sogar selbst lernen. Meister bringen zudem Special Moves oder Zaubersprüche bei."

Devastation

Devastation heisst "Verwüstung". Und entsprechend läuft auch die Handlung ab (3):

"Er kann nicht sterben - und das ist auch besser so.

Denn Rebellenchef Flynn muss eine trostlose Endzeitwelt retten ... Er will die Welt des Jahres 2075 vor der Versklavung durch Mega-Konzerne bewahren. Glücklicherweise verfügen Sie in seiner Rolle über mehr als nur ein Leben - sogar ohne Quicksave-Taste. Denn dank der Erfindung einer High-Tech-Firma können Freund wie Feind in einigen Missionen dem Sensenmann ein Schnippchen schlagen und in Respawn-Generatoren auferstehen. Um etwa in einer riesigen Endzeit-Stadt zu gewinnen, müssen Sie die Geräte zerstören und dann die gegnerischen Soldaten endgültig ins Jenseits befördern ... Der Gegnerschar - hauptsächlich Soldaten in dicken Rüstungen - gehen Sie mit knapp 40 Schiessprügeln an den Stahlkragen. Im Waffenarsenal finden sich allein ein halbes Dutzend Scharfschützengewehre -mal mit schneller Schussfolge, mal mit besonders starkem Visier oder mit einem durchschlagskräftigen Laser-Modus."

Angesichts solcher Computerspiele und ihrer Auswirkungen ist ein verbesserter Schutz der Jugend angesagt:

Das neue Jugendschutzgesetz (3)

Seit dem 1. April 2003 gilt das neue Jugendschutzgesetz und bringt mehr staatliche Regulierung. Erstmals erhalten damit Computerspiele verbindliche Altersfreigaben. Auslöser war, was in Erfurt am 26. April 2002 geschah: Ein 19-jähriger Schüler erschoss im Gutenberg-Gymnasium 16 Menschen und tötete sich anschliessend selbst. Die Medien berichteten, der Täter habe intensiv Counterstrike (ein brutales Egoshooter-"Spiel") gespielt und damit das Töten trainiert. Bereits am 8. Mai 2002 präsentierte die Bundesregierung den Entwurf für das neue Jugendschutzgesetz (JuSchG). Mit dem Internet sowie den realistischeren Grafiken in Computerspielen habe sich die Gefährdungsart geändert: Heute bedrohen in PC-Spielen vor allem Gewalt und moralisch bedenkliche Identifikationsfiguren Kinder und Jugendliche. Alle Titel erhalten künftig verbindliche Altersfreigaben. Nicht geprüfte Spiele dürfen Händler nur noch an Personen ab 18 Jahren abgeben. Händlern, die dagegen verstossen, drohen Geldstrafen von bis zu 50.000 Euro. Die Altersfreigaben orientieren sich am Modell der Freiwilligen Selbstkontrolle der Filmwirtschaft (FSK). Diese setzt folgende - keineswegs unumstrittene - Kriterien (3):

1 Ohne Altersbeschränkung: Harmlose Sport- und Rennspiele (z.B. Sim City 4, Lego Drome Racers)

2. Ab 6 Jahren: In diesen Spielen steht man oft mit Gegnern im Wettbewerb. Die grafische Darstellung ist abstrakt-symbolisch und comicartig. Realität und Fantasie lassen sich gut unterscheiden (z.B.

Civilization 3, aber auch Harry Potter und die Kammer des Schreckens)

3. Ab 12 Jahren: Hier spielen kampfbetonte Grundmuster eine größere Rolle, aber Spielwelt und Realität sind noch klar unterscheidbar (z.B. Gothic 2, Praetorians, War Craft 3)

4. Ab 16 Jahren: Das Spielkonzept setzt auf bewaffnete Action und fiktive oder historische kriegerische Konflikte mit realistischer Gewaltdarstellung (z.B. Mafia 2, Unreal 2, Blitzkrieg)

5. Ab 18 Jahren: Diese Spiele, so die Unterhaltungssoftware Selbstkontrolle (USK), verfügen über ein "einseitig gewaltträchtiges Gesamtkonzept" und zeigen die Folgen von Gewalt gegen menschlich gestaltete Gegner (also z.B. nicht Roboter oder Außerirdische) "effektvoll". Sie gelten als jugendgefährdend (z.B. Iron Storm, GTA 3, Deus Ex).

Elke Monnsen-Engberding leitet seit 1991 die Bundesprüfstelle für jugendgefährdende Schriften. Sie sagt(3):

"Bei Computerspielen werden wir beispielsweise auch weiterhin als jugendgefährdend einstufen, wenn auf Menschen oder menschähnliche Figuren geschossen wird und die Tötungsfolgen entsprechend visualisiert und akustisch untermalt werden."

So weit, so gut. Dennoch muss man sich fragen, ob diese Kriterien ausreichen, etwa wenn man sieht, dass "Harry Potter und die Kammer des Schreckens" mit seinen unheimlichen und brutalen Szenen weiterhin ab 6 (!) Jahren freigegeben ist. Frau Monnsen-Engberding gibt außerdem selber Lücken des Gesetzes zu, etwa wenn sie sagt, dass über Online-Versandhändler weiterhin praktisch alles erhältlich ist: "Waren mit Freigaben darunter (unter 18 Jahren) dürfen die Händler auch weiterhin ohne Nachweis verschicken." Die Folge: "Also könnte ein 12-jähriger einen Film mit Freigabe ab 16 Jahren bestellen." "Und da müssen dann natürlich die Eltern schauen, was das Kind da bestellt." Ein frommer Wunsch!

Fernsehen

Noch schwieriger als bei Computerspielen ist die Kontrolle beim Fernsehen. Ein extremer Fernsehkonsum nimmt bereits bei kleinen Kindern überhand. Viele Kinder haben bereits ihren eigenen Fernseher oder können sich über Internet Filme anschauen. Viele Eltern haben nicht die Zeit, die Sendungen zu kontrollieren, die ihre Sprößlinge sehen. Hier einige Hinweise, welche *Auswirkungen* dies haben kann (1):

Bis zu seinem 15. Lebensjahr sieht ein junger Bundesbürger rund 16000 Stunden fern. Diese Zahl steigt dramatisch an, da durch Videokonsum und Computernutzung noch mehr Zeit vor dem Fernseher verbracht wird. Zu den Fernsehzeiten kommen noch unzählige Stunden im Kino und "Lese-Zeiten" von Comics. Noch nie sind Kinder und Jugendliche einer solchen künstlichen Bilderflut ausgesetzt gewesen wie heute!

Bereits im April 1988 veröffentlichte das deutsche Nachrichtenmagazin "Der Spiegel" eine Titelgeschichte über die Situation an deutschen Schulen. Der Report lieferte eine Beschreibung des Schulalltages, die nicht düsterer hätte ausfallen können. Danach haben Pädagogen und Psychologen es immer häufiger mit Schülern zu tun, denen es an einfachen Grundfertigkeiten mangelt: Gedächtnis, Ausdauer, Einfühlungsvermögen, logisches Denken, Konzentration seien erschreckend schwach ausgeprägt. Die hannoversche Schulrektorin Karin Nowack beschreibt den Zustand so: Sie habe zunehmend mit "psychisch gestörten Kindern" zu tun, die "überhaupt kein Urteil mehr haben über ihre Handlungen. Die haben sich nicht im Griff, das sind alles entmutigte, zerfallene kleine Persönlichkeiten." Für deutsche Lehrer ist der

Montag der schlimmste Schultag, weil viele Schüler vom TV- und Videokonsum des Wochenendes wie benommen in den ersten Stunden dahindämmern. Dieser Dämmerzustand kommt nicht von ungefähr. Das Bilderschauen "verdonnert" den Zuschauer zu einer hochgradigen Passivität, die leichte tranceartige Zustände verursachen kann.

Es ist seit langem bekannt, dass Bilder bei entsprechender Präsentation eine *hypnotische Wirkung* auf den Menschen ausüben können. Wie lässt sich dies erklären? (7)

Wie wirkt das farbige, bewegte Bild? Es entsteht nicht in meiner Vorstellung, sondern wird mir aufgeprägt. Dabei lässt es keinen Raum mehr für andere Vorstellungen. Bilder entfalten ihre Wirkung nicht zuerst im verstandesmässigen Bereich. Ohne dass der natürliche Filter des Verstandes aussieben kann, fallen die Bilder direkt ins Unterbewusstsein. Es bleibt keine Zeit mehr zur intellektuellen Verarbeitung. Ein Buch kann man zur Seite legen, langsam oder schnell lesen, später weiterlesen oder das Gelesene einfach wiederholen. Beim Fernsehen laufen die Bilder ständig weiter. Es sind dauernd neue Informationen und Eindrücke vorhanden. Wie Studien, beispielsweise der deutschen Medienforscherin Hertha Sturm, gezeigt haben, werden verstandesbezogene Inhalte von Fernsehsendungen rasch vergessen. Die gefühlsmässigen Eindrücke bleiben jedoch über längere Zeit erhalten und üben eine mehr oder weniger starke Wirkung auf den Zuschauer aus (Bibel und Gemeinde).

Was nun die Inhalte im Fernsehen angeht, so ergibt sich eine traurige Regel: Das *Negative* lässt sich besser darstellen als das Positive. Das weist z.B. Jerry Mander nach, der 15 Jahre als Werbemanager beim amerikanischen Fernsehen gearbeitet hat und ein in-Kenner des Mediums Fernsehen ist. Er stellt fest (7):

- Krieg ist fernsehgerechter als Frieden.

- Gewalt ist fernsehgerechter als Gewaltlosigkeit.

- Katastrophen sind fernsehgerechter als normale Zustände.

- Oberflächlichkeit ist einfacher als Tiefe.

- Konfliktsituationen und Gefühle eignen sich besser als Ruhe und Einigkeit.

- Lust ist fernsehgerechter als Zufriedenheit.

- Leidenschaft ist besser als Ruhe.

- Das Böse eignet sich besser als das Gute.

- Der Tod ist leichter zu zeigen als das Leben.

Auch die Nebenwirkungen des Fernsehkonsums sind nicht zu unterschätzen (7):

Sucht

Bereits im Jahre 1971 führte die Gesellschaft für Rationelle Psychologie. München, eine Untersuchung über die Wirkung des Fernsehens durch, deren Ergebnisse noch heute von Interesse sind. 184 Familien und Alleinstehende hatten sich freiwillig dazu bereit erklärt, ein Jahr lang auf das Fernsehen zu verzichten. Bereits nach einem Monat gaben 10 % der Versuchspersonen auf, nach drei Monaten liessen 58% den Kasten wieder anschliessen und im fünften Monat hielt es auch der Letzte nicht mehr ohne Fernsehen aus. Anderc jüngere Untersuchungen bestätigen das Ergebnis. Es gibt heute mehr fernsehsüchtige Menschen, als wir denken.

Passivität

Dass hoher Fernsehkonsum zur Passivität führt, besonders auch bei Kindern, ist keine Frage. Es ist erstaunlich, dass zu den beliebtesten Sendungen Talk-Shows, Quiz- und Musiksendungen gehören. Dort werden Dinge gezeigt, die man selbst ausführen kann. Anstatt sich z. B. passiv eine Quizsendung anzuschauen, könnte man im Familienkreis mit Kindern und Verwandten ein Quizspiel veranstalten.

Das Familienleben leidet.

Eine Hausfrau sagte: »Wenn wir beide zu Hause Krach haben, ist es das Beste, die Glotze anzuschalten. Dann kommen wir auf andere Gedanken und müssen nicht darüber reden.« Auf diese Weise werden Konflikte und Spannungen nicht mehr miteinander ausgetragen und bereinigt, sondern einfach verdrängt. In vielen Familien, in denen das Fernsehen den ersten Platz einnimmt, haben sich Eltern und Kinder nichts mehr zu sagen. Viele Ehen sterben langsam vor sich hin.

Das Leben als Christ leidet.

Wird uns durch das Fernsehen nicht viel wertvolle Zeit, die wir so oft zum Bibellesen und Beten nicht haben, gestohlen? Auch werden die ethischen Werte verschoben. Wenn z. B. dauernd gezeigt wird, wie man in einer Partnerschaft, ohne miteinander verheiratet zu sein, zusammenlebt, wird natürlich bei Jugendlichen, aber auch bei Erwachsenen, die Einstellung zur Ehe verändert. Die Gefahr liegt in der Gewohnheit, denn nach einem gewissen Zeitraum wird unsere Anschauung grundlegend umgestaltet. Wir verlieren schliesslich die Fähigkeit, die Dinge so zu sehen, wie Gott sie sieht (Bibel und Gemeinde).

Steckt dahinter eine Strategie? Nun ich denke, es ist die Strategie der ...

68er-Kulturrevolution

Der Leiter der Aktion "Kinder in Gefahr", Mathias von Gersdorff, schreibt hierzu (2):

Die Strategie der 68er in den Medien ist, bei jeder möglichen Gelegenheit das Christentum zu verhöhnen, während sie gleichzeitig Lebensformen attraktiv darstellen, die den christlichen Lebensprinzipien entgegengesetzt sind. (Es) wird den Kindern und Jugendlichen gezeigt, wie sie leben sollen: mit ausschweifender Sexualität, brutaler Gewalt, betäubender Musik. Für manche reicht das nicht aus. Viele werden früher oder später merken, dass sie ein leeres Leben führen, sinnlos und ohne Perspektiven. Diesen Jugendlichen bieten die Medien Okkultismus und Satanismus in unterschiedlichen Intensitäten. Für einige reichen Gläserrücken und Pendeln aus. Andere gehen bis zum Äussersten und wollen Schwarze Messen, Vergewaltigungen und grausame Rituale.

In mehreren Publikationen hat von Gersdorff besonders auf die verheerende Wirkung hingewiesen, welche Jugendzeitschriften wie etwa BRAVO und GIRL auf Kinder und Jugendliche ausüben. Okkulte und satanistische Rockgruppen, ungehemmte Sexualität, okkulte Praktiken - solche "Werte" werden der jungen Generation von verantwortungslosen "Miterziehern" in solchen Blättern und entsprechenden

Sendungen vermittelt. Die Autoren Ulrich und Wolfram Eicke meinen:

"Gruppendruck ist einer der stärksten Sozialisationsfaktoren. Aber auch die Medien prägen das Rollen verhalten und füllen die Lücke, die durch den Ausfall der traditionellen Werte entstanden ist. So sind Jugendliche zwar dem Kräftefeld von Eltern und anderen Autoritäten entwachsen, ohne jedoch zu freier Selbstbestimmung zu gelangen. In dieser Lebensphase üben die Medien einen doppelten Einfluss aus. Zum einen erreichen sie den Jugendlichen unmittelbar, zum anderen übernimmt er von der Gruppe ihre subkulturelle Symbolik. Das heisst, er muss sich den Vorlieben der Gruppe anpassen, den letzten Hit der Musikgruppe kennen, die gerade ‚in' ist, den neuen Film gesehen haben, bei Comics und Jugendzeitschriften Bescheid wissen und die Besonderheiten von Prestige-Markenartikeln herunterbeten können. Nur wer immer auf dem neusten Stand ist, geniesst Ansehen und gehört zum inneren Kreis der Gruppe."

(Aus: Ulrich und Wolfram Eicke, Medienkinder, vom richtigen Umgang mit der Vielfalt. München 1994, S. 150)

Weil viele Familien ihre integrierende Kraft verloren haben, feiert die Kollektivierung durch die modernen Medien so große Erfolge. Nicht mehr das Elternhaus fungiert vielerorts als norm-

und wertvermittelnde Autorität, auch nicht die Schule, sondern BRAVO, Talkshows, Soapoperas und die Rock- und Popstars in ihren Videoclips. Die Folgen sind erschütternd (2):

Die Kollektivierung der Jugendlichen durch die Medien erzeugt eine Generation, die leer und ohne Werte und Prinzipien ist. Diese Jugendlichen haben viele Jahre damit verbracht, fremde Einflüsse in sich aufzunehmen, anstatt ihre eigenen Fähigkeiten zu entwickeln und eine selbständige Persönlichkeit zu bilden. Sie sind wie Abziehbilder der TV- und Popstars und trachten nur danach, ihnen ähnlich zu werden.

Unübersehbarer und unüberhörbarer Ausdruck dieser Geisteshaltung bei vielen Jugendlichen ist die Love Parade, die - etwa in Berlin - Hunderttausende Jugendliche anzieht:

Sex, Drugs and Techno 8. Juli 2000 - Die Liebe zieht durch Berlin

"One World, One Love Parade." Berlin ravet wieder. Mehr als eine Million junge und jung gebliebene Raver tanzten zwischen Siegessäule und Brandenburger Tor, rissen sich die Kleider vom Leib und konzentrierten sich auf eines: "Spass, Spass, Spass." ... Grösser, lauter, schriller scheint das inoffizielle Motto der zwölften Love Parade zu sein. Doch das Spektakel der Superlative hat auch Schattenseiten. Der Drogenmissbrauch bei der Love

Parade habe in diesem Jahr deutlich zugenommen, heisst es beim Drogennotdienst. "Während ich sonst den Eindruck hatte, dass die Leute hauptsächlich auf Alkohol aus waren, sind dieses Jahr offensichtlich viel mehr mit Speed und Ecstasy unterwegs. Die ersten kamen uns schon morgens mit geweiteten Augen entgegen", sagt Sozialarbeiterin Katharina Vollmar.

(Bettina Grachtrup und Till Mundzeck, Spiegel Online 27/2000)

Die Folgen: Selbstmord, Aggression, Sucht, Krankheit

Eine mögliche Folge solchen Verhaltens, nämlich eine erhöhte *Selbstmordgefährdung*, kommt in folgendem Presseartikel zum Ausdruck:

Junge Touristen auf Ibiza -Manche Party endet mit dem Tod

Ibiza - Die Sonne ging gerade über Ibiza auf, für Paul ging sie Sekunden später schon wieder unter. Der Engländer, gerade Anfang 20, kletterte über die Balkonbrüstung seines Hotelzimmers im sechsten Stock im Badeort San Antonio, breitete die Arme aus und stürzte sich in den Tod. Nachbarn hörten noch einen gellenden Schrei: "Er dachte wohl, er könne fliegen", sagt ein Polizist später. "Er wollte den Himmel erreichen - Gott allein weiss, ob er dort angekommen ist." Mindestens sechs Jugendliche, so wird berichtet, stürzten sich in diesem Sommer innerhalb eines Monats von ihrem Hotelbalkon aus in die Tiefe. Fünf Briten und ein Deutscher. Alle sechs sind tot. Und alle sechs waren im Sommer auf die spanische Insel Ibiza gereist, um hier das Paradies der Techno-Musik zu finden. Ibiza gilt als eines der Weltzentren dieser elektronischen Stakkato-Rhythmen ... 24 Stunden Non-Stop-Orgie, aus denen auch leicht 48 oder 72 Stunden ohne Schlaf werden können. Aufputschmittel, Drogen, vor allem Ecstasy-Pillen, werden im Dutzend eingeworfen. Etliche Jugendliche überleben diesen Sauf-Drogen-Tanz-Marathon nicht.

(Kölner Stadtanzeiger vom 6. September 1999)

Inzwischen regt sich auch bei Medizinern Widerstand gegen diese Entwicklung:

Der Berufsverband der Kinder- und Jugendärzte in Deutschland hat sich besorgt über den unkontrollierten Medienkonsum von Heranwachsenden geäussert. In 99 Prozent der Familien sei Fernsehen bereits zum "heimlichen Miterzieher" geworden, sagte Facharzt Bernhard Stier zum Auftakt des Kongresses für Jugendmedizin am Freitag in Weimar. Gezielte Schulungen in Medienpädagogik seien deshalb unerlässlich.... "Wir erleben die Medienflut und unsere Kinder sind Nichtschwimmer", sagte Stier. Schon drei- bis fünfjährige Kinder verbrächten im Durchschnitt fast 80 Minuten täglich vor dem Bildschirm. Ein Drittel der Neun- bis Zehnjährigen hätten sogar einen eigenen Fernseher.

Nach der Familie sei das Fernsehen der Faktor, der die Entwicklung der Jugend am meisten beeinflusse. ... Immer häufiger komme es zu Überreizung, Konzentrationsschwäche, Verhaltensstörungen, Hyperaktivität und Aggressivität. Sprach- und Wahrnehmungsstörungen nähmen dramatisch zu ... Die Medien beeinflussten besonders den Umgang von Heranwachsenden mit Sexualität, sagte der Münchner Kinder- und Frauenarzt Nikolaus Weissenrieder. Mit jährlich 12.000 bis 18.000 Teenagerschwangerschaften und etwa 5.000 Abtreibungen in der Altersgruppe zwischen 14 und 17 Jahren belege Deutschland eine Spitzenposition. Die Sexualerziehung müsse sich an der Kommunikations- und Handlungsfähigkeiten junger Menschen orientieren.

(Frankfurter Rundschau vom 13. März 1999)

Weitere Studien belegen: Zu viel Fernsehen fördert die *Aggressivität*!

Hoher Fernsehkonsum macht Kinder neuen Studien zufolge aggressiv und stumpft sie emotional ab. Weniger Fernsehen, Videos und Video-Spiele seien ein gutes Mittel gegen Aggressivität, berichteten der Psychologe Thomas Robinson und Kollegen von der Stanford Universität am Dienstag. Ihre Studie von zwei vergleichbaren Schulen von San Jose (Kalifornien) zeige einen klaren Zusammenhang zwischen der vor dem TV-Gerät verbrachten Zeit und dem Grad der Aggressivität, hiess es in der

Veröffentlichung in der vom US-Ärzteverband AMA herausgegebenen Fachzeitschrift "Archives of Pediatric & Adolescent Medicine". Auch eine Freiburger Studie mit 200 Schülern wies negative Folgen vielen Fernsehens für den Gefühlshaushalt der Kinder nach. Vielseher führten weniger Gespräche, spielten seltener ein Musikinstrument und seien weniger kreativ, teilte die Berliner Sektion des Berufsverbandes für Kinderheilkunde und Jugendmedizin mit. "Wir beobachten eine zunehmende Sprachlosigkeit in Familien", sagte Verbandssprecher Ulrich Fegeier. Laut Studie sind die elf- bis 15jährigen Vielseher auch körperlich nicht so wendig.

(Die Tagespost vom 18. Januar 2001)

Eine weitere Studie belegt: Zu viel Fernsehen macht Kinder auch *körperlich krank.*

Kinder sitzen länger vor der "Glotze" als in der Schule: 1200 gegen 1000 Stunden. Die Folgen sind mangelnde soziale Kontakte, schlechte Zensuren, und eine angegriffene Gesundheit. Zu diesem Ergebnis kommt eine Studie der Universität Freiburg. Vielseher zeigen schlechtere Leistungen im Deutschunterricht. Die Schule wird von ihnen als anstrengender und belastender empfunden. Eine Gefahr liegt auch in der verzerrten Wirklichkeit im Fernsehen. Während Wenigseher, die am Tag höchstens eine Stunde am Gerät sitzen, gefühlsmässig stark auf

Gewaltdarstellungen reagieren, nimmt diese Reaktion bei Vielsehern ab. Die Wissenschaftler sehen die Gefahr, dass so Jugendliche gegen Gewalt abstumpfen. Auch entstehe durch solche Sendungen ein Angst- oder Aggressionspotential. Ein Leben mit spärlichen sozialen Kontakten führe zu Langeweile, die wiederum mit dem Fernsehen bekämpft werde. Dies könne in die Abhängigkeit von diesem Medium führen. ... Das qualitative Niveau der Sendungen nehme ständig ab. Dies beeinflusse die Bildung und damit die beruflichen Aussichten der Schüler bis hin zur Arbeitslosigkeit.

(Idea-Spektrum vom 19. April 2001)

Inzwischen sind infolge übermäßigen Internet-Konsums ganz neue Krankheiten am Entstehen: *Cyber-Krankheiten*.

Neue Krankheiten erfordern neue Therapien. Für die meisten Psychologen und Psychotherapeuten ist die Internet-Sucht aber noch absolutes Neuland ... Dr. Kimberley Young vom "Center for On-Line Addiction" in Pittsburgh, USA, hat in einer jetzt veröffentlichten Studie Erfahrungsberichte von Therapeuten erfasst und ausgewertet. 35 Therapeuten mit im Durchschnitt 9 Patienten mit Internet-Sucht pro Jahr haben an dieser Studie teilgenommen ... Als Sucht-Kriterien definierten die Therapeuten: Extreme Internet-Nutzung gepaart mit signifikanten sozialen, psychologischen oder/und beruflichen Unzulänglichkeiten. Betroffene sind vom Internet wie "besessen", geraten in Angstzustände. wenn sie "off-line" sind und lügen über bzw. verstecken das wahre Ausmass ihrer Internet-Nutzung. Die Konsequenzen der Sucht sind für die Betroffenen oft verheerend: soziale Isolation, zunehmende Depression, Scheidung, Scheitern in Ausbildung oder Beruf, Jobverlust, finanzielle Schwierigkeiten usw. Einige Therapeuten berichteten von Patienten mit Drogen- und Alkoholmissbrauch als Folge der ursprünglichen Internet-Sucht.

(Psychohelp; zit. nach2)

Forscher stellten außerdem fest,

"dass mit zunehmendem Alter auch die Bereitschaft zum Alkoholkonsum oder anderen Suchtmitteln steigt. Mehr als ein Fünftel der 16- bis 17-jährigen trinkt mindestens ein- bis zweimal in der Woche Alkohol. Nahezu ein Drittel in dieser Altersgruppe hat mindestens fünfmal Haschisch konsumiert." (Die Welt vom 8. April 1999)

Insgesamt gilt: Die *Gewaltbereitschaft* von Kindern und Jugendlichen nimmt zu. Wundert uns dies noch? Lässt uns dies kalt? Wäre es nicht Zeit, zu handeln? Hier einige Fakten:

Die Gewaltbereitschaft von Kindern und Jugendlichen hat 1998 erneut zugenommen. Nach der vom Bundesinnenministerium veröffentlichten Polizeilichen Kriminalstatistik (PKS) stieg bei Körperverletzungsdelikten die Zahl der tatverdächtigen Kinder im vergangenen Jahr um 14,1 Prozent auf 14 024, die Zahl der tatverdächtigen Jugendlichen im Alter zwischen 14 und 18 Jahren um 5,4 Prozent auf 47 494 Fälle. Insgesamt stieg die Zahl der tatverdächtigen Kinder um 5,9 Prozent auf 152 774, die der Jugendlichen um 3,4 Prozent auf 302413. Bei den Ladendiebstählen von Kindern wurde ebenfalls ein Anstieg verzeichnet. So wurden 1998 mit 86 204 Kindern 6.8 Prozent mehr tatverdächtige Kinder registriert als 1997. Bei den Jugendlichen spielten Rauschgiftdelikte erneut eine grosse Rolle: 29 222 Jugendliche wurden als tatverdächtig erfasst. 27.9 Prozent mehr als 1997. (Die Welt vom 26. Mai 1999)

Das Streben nach Glück

Hinter dem Verhalten vieler Jugendlicher heute steht letztendlich die Sehnsucht nach Glück, nach innerer Erfüllung. Kann diese Sehnsucht aber auf diese Weise gestillt werden? Ich denke nicht und stimme Matthias von Gersdorff zu, der schreibt (2):

Diese Weltanschauung suggeriert einen Lebenssinn, der genauso einfach wie falsch ist, und zwar: "Das Leben ist zum Geniessen da, und das in vollen Zügen." Laut den Medien gehört hierzu in erster Linie Sex und zweitens Geld. Mit dem Geld muss man sich schicke Klamotten kaufen und das Haar stylen, um adäquat in die Disko mit dem Traumboy/girl zu ziehen. Die Schule ist in dieser Welt lästig, aber immerhin kann man ihr auch gute Seiten abgewinnen. Man kann dort flirten, einen Traumboy/ein Traumgirl finden, dort die schicken Klamotten vorzeigen usw. Für die Familie - im traditionellen Sinne verstanden - gibt es hier keinen Platz. In der bekannten 2000er Ausgabe der Shellstudie über die Jugend behaupten die Jugendlichen, dass für sie die Eltern wichtig sind, aber in einer Art Beraterfunktion. Man kann die Eltern um Ratschläge bitten, die man möglicherweise befolgt, denn immerhin haben sie ja Erfahrung im Leben gesammelt. Im Leben geht man dann aber den eigenen Weg. Man lebt in der Familie, ungefähr wie man in einer Wohngemeinschaft lebt, d. h. man respektiert sich, hat Verständnis für manche Macken der anderen und akzeptiert durchaus gewisse Regeln, denn ansonsten könnte man ja nicht zusammenleben. Eltern im Sinne von Respektpersonen, die man liebt, die man achtet, weil sie einem das Leben geschenkt haben, das gibt es für modern eingestellte Jugendliche nicht.

In der von den Medien vermittelten Weltanschauung gibt es Werte und Tugenden wie Disziplin, Ordnung, Zucht, Gehorsam, Opfergeist, Hingabe, Idealismus nicht. Diese Dinge sind nicht mehr "geil" und vermitteln kein Glück, zumindest nicht das individualistische Glück, welches die Medien vorgaukeln.

Für die meisten Jugendlichen ist eine Idee von Glück, bei dem das Leiden inbegriffen ist, absolut undenkbar. Die oben erwähnten Tugenden wie Disziplin, Zucht, Ordnung usw. stammen noch aus einer Zeit, in der man dem Leiden eben nicht aus dem Weg ging. ... Doch die Kraft des Christentums, seine Ausstrahlung auf die gesamte Gesellschaft, brachte es mit sich, dass alle Menschen, auch die Nichtchristen und sogar die Atheisten, ein Leben akzeptierten, in dem man das Leiden annahm und die Meisterung des Leidens, wie auch immer sie geschah - beim Christen anders als beim Atheisten - das Leben lebenswert machte. Solche Gedanken sind für moderne Menschen unerträglich, und so haben wir die unglaubliche Situation, dass jährlich Millionen ungeborene Kinder getötet werden, um die Spassgesellschaft aufrechtzuerhalten. In manchen Ländern gibt es schon Euthanasie, in anderen die pränatale Selektion. Um Leiden zu verhindern, muss ein ungeheures Tötungssystem aufgerichtet werden. Die Ablehnung des Leidens wird so zur Ablehnung des Rechtes auf Leben für Millionen.

Stellungnahme zum Okkultismus

Was sich hinter dem Okkultismus verbirgt, möchte ich zunächst am Beispiel Harry Potter aufzeigen. In einem Leserbrief brachte ich den nur scheinbaren Unterschied zwischen schwarzer und weißer Magie folgendermaßen zum Ausdruck:

Immer wieder wird behauptet, Harry Potter würde für das Gute kämpfen und sich der "weissen Magie" bedienen. Wieder einmal mehr wird zwischen "schwarzer" und "weisser" Magie unterschieden: Die "schwarze" Magie (z.B. des Lord Voldemort) sei böse; hier würden finstere Mächte zu bösen Zwecken (z.B. Verfluchung, Schadenszauber) angerufen. Die "weisse" Magie dagegen sei gut; hier würden angeblich gute Mächte zu guten Zwecken in Anspruch genommen.

Besteht hier wirklich ein Unterschied? Nein, denn auch bei der sogenannten "weissen" Magie wird Gott nicht wirklich als personales Gegenüber ernstgenommen und geehrt. Vielmehr wird das, was man für "Gott" hält bzw. was als "gute Macht" an Gottes Stelle tritt, zur Befriedigung der eigenen Macht-, Wissens- und Erfolgsgelüste missbraucht. Während der Christ im Vaterunser betet: "Vater unser im Himmel ... *dein* Wille geschehe", spricht der Magier: "*Mein* Wille geschehe" - und die hierbei angerufene "höhere Macht" soll ihm willfährig sein.

Dieser Pseudogott der Magier und Zauberer, der Spiritisten und Schamanen und vieler anderer ist eine Erscheinung aus der Welt des satanischen "Lichtengels" (2. Korinther 11,14), ein Dämon, der uns durch falsche Zeichen und Wunder zu blenden und von der wahren Quelle des Lebens - vom lebendigen, persönlichen Gott - fernzuhalten versucht. Mit dem Gott der Bibel hat Magie jeder Art nichts zu tun, sondern sie steht gegen Gott (vgl. 5, Mose 18,9 ff.) und ist ein Versuch der Selbsterlösung ohne Jesus Christus, der scheitern muss.

Aberglaube, Okkultismus, Esoterik nehmen heute überhand und halten bereits viele Kinder und Jugendliche in ihrem Bann. Was aber ist Aberglaube (6)?

Aberglaube im weitesten Sinn ist jede Art von Glauben, die nicht Gott als Glaubensinhalt hat. Glauben heisst: Gott zum Herrn haben. Aberglauben heisst: Herr über Gott sein wollen. Wo christlicher Glaube ist, wo alles Vertrauen und alle Hoffnung allein auf Jesus Christus gesetzt wird, da ist für Aberglaube kein Platz. Aberglaube ist ein Symptom für versteckten oder offensichtlichen Mangel an Gottesglauben. Aberglaube ist somit letztlich Unglaube, da es auf dem Gebiet des Glaubens kein Sowohl-als-Auch, keine Lauheit (Offb 3,15 f.) gibt. Luther sagt sinngemäss: Woran du dein Herz hängst, das ist dein Gott. Hängen wir unsere Herzen an Götzen und an vergängliche Dinge dieser Welt - oder glauben wir an Jesus Christus allein?

Das ist also Aberglaube im weitesten Sinn: auf das sein Vertrauen setzen, was uns von Gott abhält. Das können okkulte Praktiken, aber auch Ideologien, ausser- und pseudochristliche Weltanschauungen, Götzen-, Menschenverehrung und Ichsucht sein.

Im engeren Sinn bezieht sich Aberglaube auf gewisse abergläubische Praktiken, auf das Feld des Okkultismus, und darum soll es hier in erster Linie gehen. Es sei nur einiges genannt:

- Astrologie (Sternenglaube)
- Spiritismus (Geisterglaube)
- Amulett- und Talismanglaube
- Zahlenglaube
- Pendeln, Besprechen von Kranken
- Handliniendeutung, Kartenlegen
- Zauberei
- Hellsehen und Wahrsagen

Was treibt Menschen zu solchen abergläubischen Praktiken?

Man kann sagen: Aller Aberglaube kommt aus einer falschen Lebensgier und -angst. Man will mehr wissen und dadurch mehr erreichen, als man mit Hilfe der natürlichen Sinne kann. Und weil man Gott nicht auf Wunsch "ausquetschen" kann, geht man eben zum Kartenleger, Astrologen, Hellseher oder Wunderheiler (vgl. Sauls Befragung der Totenbeschwörerin von

Endor; 1. Sam 28). Dadurch, dass man Einblick in die Zukunft, Geisterwelt und vermeintliche eigene Bestimmung erhält, meint man, glücklicher zu werden. In Wirklichkeit tritt aber das Gegenteil ein. Wer ist z.B. glücklich, wenn er bei einer Wahrsagerin von seinem baldigen Tod erfährt - oder von einem nahenden Unglück - oder von seinen eigenen Schwächen? Das kann ja auch vorkommen und ist Saul (1. Sam 28) geschehen. Voraussagen müssen durchaus nicht immer Schönes und Positives enthalten. Wenn ein Wahrsager nur Positives "voraussagt", kann man sicher sein, dass er betrügt. Wenn er aber Negatives voraussagt, dann kann das mitunter schreckliche Folgen haben. Es sind Fälle bekannt, in denen Menschen "offenbart" wurde, sie würden zu der und der Zeit sterben. Und tatsächlich wurden sie krank und starben, aber sehr wahrscheinlich aus Angst, die sich vor dem näherrückenden Todestermin immer mehr verstärkt hatte. Durch die Wahrsagerei war eine negative Programmierung des ganzen Wesens eingetreten. Es gibt allerdings auch echte Voraussagen, und damit sind wir zu der Frage gelangt:

Was ist dran am Aberglauben, und was sagt die Bibel dazu?

Die Bibel bezieht zu sämtlichen abergläubischen Praktiken eindeutig Stellung.

- Grundlegend ist das erste Gebot (2. Mose 20,3 u. 5. Mose 5,7): "Du sollst keine anderen Götter neben mir haben. "Sterne, Maskottchen, Geister sind aber andere Götter für den Abergläubischen. Und was noch schlimmer ist: In der Gier, die Zukunft zu wissen, will der Mensch selbst sein wie Gott (vgl. 1. Mose 3.5).

- Dann das zweite Gebot (nach reformierter Zählung) (2. Mose 20,4 ff. u. 5. Mose 5,8 ff.): "Du sollst dir kein Bildnis noch irgendein Gleichnis machen, weder von dem, was oben im Himmel, noch von dem, was unten auf Erden ist, noch von dem, was im Wasser unter der Erde ist: Bete sie nicht an und diene ihnen nicht!" Das Bilderverbot bezieht sich darauf, dass man nichts Gegenständliches verehren soll. Gott steht in seiner Majestät über den geschöpflichen Wesen und Dingen, und die geschöpflichen Wesen und Dinge selbst sind der Verehrung nicht würdig. Jede Verehrung eines Geschöpfes statt des Schöpfers, und sei es ein von Menschen geschaffenes (!) Gottesbild, ist Götzendienst und damit Aberglaube (Röm 1,22-25).

- 5. Mose 18,9 ff.: "... der seinen Sohn oder seine Tochter durchs Feuer gehen lässt oder Wahrsagerei, Hellseherei, geheime Künste oder Zauberei treibt oder Bannungen oder Geisterbeschwörungen oder Zeichendeuterei vornimmt oder die Toten befragt ... wer das tut, der ist dem Herrn ein Gräuel ...". Hier werden solche Praktiken klar verurteilt.

- An anderen Stellen wird Aberglaube als Rückfall in das Heidentum bezeichnet und der Betreffende mit der Ausrottung aus Gottes Volk bedroht; vgl. insbesondere 2. Mose 22,17; 3. Mose 20,6; Jes 8,19; Jer 2,13; Gal 4,8 ff.; 5,19 ff.;0ffb21,8.

Die Bibel sagt also eindeutig: Lass dich nicht auf abergläubische Praktiken ein! Lass die Finger davon, du könntest sie sonst verbrennen! Wenn du schon damit zu tun gehabt hast, tue Busse! Die Bibel kennt den Satan als lebendige, persönliche Macht (Offb 20,2 u.ö.). Der Satan herrscht über ein Heer von Dämonen, bösen Geistern, gefallenen Engeln, über ein gottwidriges Reich (Lk 10,17 f.; Mt 12,22 ff.; Eph 6,11 ff. u.ö.). Er wirkt als Ankläger des Menschen vor Gott (Hi 1,6 ff. u.ö.), als Versucher (Mt 4,1 ff. par.) und deshalb als der Böse in der Welt. Er ist keine absolute Gegenmacht zu Gott, sondern Gott gibt ihm einen festgelegten Handlungsspielraum, um auf Menschen Einfluss zu nehmen (vgl. Hi 1f.). Unsere Schwäche ist seine grosse Stunde (Mt 4,2; 6,13). Wenn wir uns ihm öffnen, schlägt er zu. Das heisst: wenn wir uns auf Praktiken einlassen, die an Gott vorbei und ohne Gott zu Glück und Erkenntnis führen sollen, gewinnt Satan mit seinem Dämonenheer in unserem Leben Macht. Darin liegt die grosse Gefahr des Aberglaubens: Wer aus der Geborgenheit in Gott heraustritt, gerät in den Einflussbereich aller anderen Mächte, auch des Satans. Wer den Schutzkreis Gottes verlässt, tritt in den Einflusskreis Satans. Wer sich in Gefahr begibt, kommt darin um.

Arno Pagel, der ehemalige EC-Weltbundpräsident, berichtet von einem Mann, der in seine Seelsorge kam wegen Schlaflosigkeit und Selbstmordgedanken. Dieser Mann erzählte: "Ich habe immer Magenkrämpfe gehabt und bin von einem Arzt zum anderen gelaufen ... Dann hörte ich von einen Wundertäter, der durch Besprechen alle Krankheiten heilen sollte. Er hat seine Hände auf mich gelegt und dabei Zauberformeln gemurmelt, auch der Gottesname war dabei." - "Und ist Ihnen geholfen worden?" - "Das Magenleiden verschwand. Ich war äusserlich geheilt, aber innerlich bin ich krank geworden. Seitdem die Schlaflosigkeit, Unruhe und furchtbare Angst."

Daran wird deutlich: Auch böse Mächte können äusserlich helfen und Wunder tun, sogar unter Missbrauch des Gottesnamens. Aber der Tribut, den sie fordern, ist das Opfer der "Seele", d.h. des Menschen in der Ewigkeit (vgl. Mt 24,24; 2. Kor 11,14; 2. Thess 2,9; Offb 13,13 f.). So kennt die Bibel auch das Problem der Besessenheit (Mt 8,28 ff. par; 10,8; 12,22 ff.; u.ö.). Die Beschreibungen sind so plastisch und konkret, dass man Besessenheit schwerlich als antike Umschreibung psycho-somatischer Störungen abtun kann, wie es heute oft geschieht. Sicherlich sind heute viele Krankheiten medizinisch erklärbar, das schliesst aber (gewiss in nur wenigen Fällen) dämonische Besessenheit nicht aus. Von allen Formen okkulter Bindung kann nur *Einer* befreien: Jesus Christus, der am Kreuz stellvertretend für uns gestorben ist, um uns von Sünde, Tod und Teufel zu erlösen.

Wie können Eltern auf okkulte Praktiken an Schulen reagieren?

Ich gebe im folgenden einen Brief eines besorgten Vaters an die Kunstlehrerin wieder:

Sehr geehrte Frau XY, wie mir mein Sohn Christian

berichtete, nimmt er gern an Ihrem Unterricht teil, wofür ich Ihnen danke. Wie er jedoch auch berichtete, geben Sie den Kindern in Ihrem Unterricht zur Aufgabe, Mandalas zu malen oder auszumalen. Auf den Hinweis meines Sohnes, dass uns als Eltern dies nicht recht ist, haben Sie Christian eine -6- für Arbeitsverweigerung angedroht. Dies bedrückt ihn sehr, weil er sonst recht annehmbare Noten bei Ihnen erhalten hat. Es wäre sicher von uns als Eltern nicht gut, dies ungeprüft so zu glauben, wie es in der Formulierung unseres Jungen an uns herangetragen wurde. Ich bitte Sie deshalb freundlich, uns mitzuteilen, wie der Vorgang sich aus Ihrer Sicht verhält. Sowohl ich als auch meine Frau sind nicht von Ihnen oder der Schule als Institution darüber aufgeklärt worden, was Sie im Unterricht für Arbeitsvorlagen nutzen wollen. Dies kann auch an uns liegen, weil wir nicht anwesend waren. Dennoch ist uns unsere Nachfrage heute sehr wichtig. Was sind Mandalas? Warum sollen die Kinder diese malen? Die Literatur weist u.a. auf Tibet, auf Hexenkult sowie auf den Buddhismus hin. Wir betreiben keinen Hexenkult, sind auch keine Buddhisten. Ich bitte Sie deshalb bis zur Klärung unserer Fragen darauf zu verzichten, Druck auf Christian auszuüben, -sollte dies so gewesen sein. Wir sind evangelische Christen und wollen keine anderen religiösen Handlungen weder Scientology, noch Buddha, oder Voodoo, weder Hexenkult noch die Rituale der indianischen Schamanen. Siehe Grundgesetz Artikel 4, Absatz 1 und 2. Siehe auch Niedersächsisches Schulgesetz § 2, unter l., erster Abschnitt. Bitte entnehmen Sie diesem Schreiben nicht den Eindruck, dass wir Ihnen in irgendeiner Form einen Vorwurf machen möchten. Uns geht es darum, als Eltern teilzunehmen an dem was unsere Kinder in der Schule erleben. Wir brauchen in diesem Fall Ihre Unterstützung und bitten Sie um Ihre formlose schriftliche Rückantwort. Danke für Ihre Mühe!

Wie können wir unseren Kindern eine gesunde Alternative bieten?

Hierzu schreibt eine Mutter von inzwischen erwachsenen Kindern (1):

Wir haben die wenigen Jahre der Vorschulzeit genutzt, um ihnen möglichst viele biblische Geschichten zu erzählen. Wird nicht damit ein Fundament gelegt für den sicheren Halt, den junge Menschen brauchen, um im Leben zu bestehen? Sagt nicht auch Gottes Wort in Sprüche 22,6: "Gewöhnt man einen Knaben an den Weg, den er gehen soll, so lässt er nicht davon, wenn er alt wird."?

Noch ein wichtiger Punkt ist der Umgang mit der Schuld. Auch ein Kind kennt schon Schuld, Sünde und Angst. Hier können wir durch unser Vorbild - indem wir selbst ausleben, was wir sagen - das Kind dazu hinführen, sich zu entschuldigen, selbst zu Jesus zu kommen, um bei ihm Vergebung und Frieden zu erfahren.

Indem wir uns unseren Kindern zuwenden, kann

dieses Vertrauensverhältnis wachsen und gedeihen. Dies kann auf so verschiedene Weisen geschehen, wie es eben verschiedene Menschen gibt: die einen entdecken auf gemeinsamen Spaziergängen das Wunder der Schöpfung, die Pflanzen- und Tierwelt; andere basteln gerne oder sind begeistert von Singen, Sport, Malen oder Kochen. Wir haben unseren Kindern viel vorgelesen; auch manch schönes Erlebnis hatten wir beim gemeinsamen Sport. Unsere Kinder waren auch begeistert, wenn sie an der Nähmaschine Puppenkleider nähen durften! Eines können wir festhalten: Je grösser die Kinder werden, desto wichtiger wird das Gespräch mit ihnen. Ein Mädchen sagte einmal: "Mir wäre es lieber, meine Eltern hätten weniger Geld, dafür mehr Zeit."

Jedoch soll man sich mit den Kindern nicht dauernd beschäftigen. Dies wäre das andere Extrem. Es ist gut, wenn sie Freiraum zum Spielen haben. Durch häufiges Fernsehen wird die natürliche Kreativität und Phantasie zum Spielen an der Entfaltung gehindert. Die Kinder brauchen auch nicht unbedingt viel und teures Spielzeug. Mit einfachen Bausteinen können verschiedenste Kombinationen vorgenommen werden. Es ist erstaunlich, was Kinder mit ein paar Klötzen oder Tüchern alles machen können!

Ein weiterer Punkt sollte angesprochen werden: Es ist auch wichtig, dass unsere Kinder helfen lernen. Wenn sie dazu angeleitet werden, Arbeiten selbständig zu erledigen und auch Verantwortung zu übernehmen, können sie innere Freude und Befriedigung erfahren.

Ja, sie können sich nützlich machen, und ihr Selbstvertrauen wird gestärkt. Sie sollen auch lernen zu geben und nicht nur zu nehmen. Es sollte ihr Wunsch sein, anderen Freude zu bereiten. Kaum etwas kann so bereichern wie der Wunsch, anderen Freude zu machen.

Nun kann sich der Vorwurf einstellen, dies führe zu Weltfremdheit. Allerdings wollen wir uns auch nicht den Massstäben einer immer gottloseren Welt angleichen, sondern uns nach den ewigen Normen der Bibel richten. Abgesehen davon, dass die Entfaltung des inneren Menschen durch Gottesfurcht gewährleistet und das Ziel einer selbständigen und ausgereiften Persönlichkeit erreicht wird. Das hohe Ziel, Verantwortung übernehmen zu können, ist hierin enthalten. Nur wer es gelernt hat, vor Gott zu knien, kann vor Menschen stehen.

EIN NEUER Luther MUSS HER
ZONE
95 Thesen für 2017
1517-2017
500 Jahre
nach Luthers Reformation ein
Ruf zur Neuen Reformation
Dr. Lothar Gassmann
ZEITSTRÖMUNGEN
Jeremia Verlag

95 THESEN für 2017

1517-2017:

500 Jahre nach Luthers Reformation ein Ruf zur Neuen Reformation

Die Evangelische Kirche ist in vielen Ländern von einer „Kirche des Wortes" zu einer „Kirche der Wörter" geworden. Nichts Verbindliches gilt mehr. Alles wackelt. Die Evangelische Kirche in Deutschland will sogar das Reformationsjubiläum im Jahre 2017 gemeinsam mit der Katholischen Kirche begehen.
In dieser ausweglos erscheinenden Lage ruft der Autor mit „95 Thesen für 2017" alle Gläubigen zu einer „neuen Reformation" auf der Grundlage allein des Wortes Gottes auf.

Aus dem Inhalt:
95 Thesen für 2017
96 Thesen zum Austritt aus der EKD
Das Taufzeugnis
Bekenntnis für bibeltreue Gemeinden
30 Ratschläge für Prediger des biblischen Evangeliums

70 Seiten, 5,80 Euro

Bestellung der Reihe ZEITSTRÖMUNGEN bei:

Jeremia-Verlag, Waldstr. 18, D-72250 Freudenstadt

Tel. 07441-95 25 270 Fax 07441-95 25 271

Homepage: www.jeremia-verlag.com

Email: info@jeremia-verlag.com